やどかりブックレット・障害者からのメッセージ・22

あきらめない恋愛と結婚
精神障害者の体験から

やどかりブックレット編集委員会　編
渡　修　山田　明　和田　公一　和田千珠子　著

やどかり出版

発刊にあたって

　1997（平成9）年4月にやどかり情報館（精神障害者福祉工場）が開設し，私たちは1997（平成9）年から「－精神障害者からのメッセージ－私たちの人生って何？」というタイトルで体験発表を行っている．これは1997（平成9）年度はやどかり研修センターの事業の一環として，1998（平成10）年度からはやどかり出版文化事業部の事業として行っているものである．
　やどかり情報館は精神障害者が労働者として働く場であると同時に，障害を持った私たちが，私たちならではの情報発信の基地としての役割を果たしていくことを目指して開設された．
　この会が始まったきっかけは，精神障害者自らがその体験や思いを語ることで，精神障害者に対する誤解や偏見を改め，正しい理解を求めたいということだった．そして，
　「私たちにだって人生はあるんだ，生きているんだ，私

たちの人生は何だろう？」という問い掛けを自らに，そして周りの人たちに投げかけ，一緒に考えていきたい，そんな思いを込めていた．また，やどかりの里では日本の各地からの要請で，自らの体験を語るために講師として出向く仲間が増え，単に体験を語るだけでなく，お互いに学び合いながら講師としての力をつけていくための場が必要であると，考えたのである．

　こうして第1回，第2回と体験発表を進めていくうちに，体験発表会に対する考え方に少し変化が生じてきた．

　精神障害者からのメッセージということで，精神障害者ということをひじょうに意識し，理解を求めようと動いてきたが，「人生とは？」という投げかけは，障害のあるなしに関わらず全ての人の共通した課題ではないか，という思いが出てきたのである．そこから障害の種別を越えて，共感できたり，共通の課題を見出し，共に考えていくことも大切ではないかと考えるようになった．そのためには他の障害を持った方々にもその体験を発表してもらい，交流がはかれたらという思いが強くなっている．

　そこで改めて，体験発表という形で一般の方々に集まって聞いてもらい，全体で討論することで，参加してくれた方々が改めて自分の人生について考えるきっかけになるように，そんな気持ちを込めて企画運営している．

　当初体験発表会は，講師としての力をつけたい，同じやどかりの里の仲間に聞いてもらいたい，といったやどかりの里内部に向けての企画であった．そして第1回の体験発

表会について埼玉新聞が取り上げてくれたことがきっかけとなり，やどかりの里関係者以外の参加者が足を運んでくれるようになった．また，情報館のある染谷の地の人々に私たちの活動について知ってもらいたいとの思いを込め，情報館のみんなで体験発表会の案内を染谷地区の各戸に配って歩いた．何回か継続するうちに少しずつではあるがその効果が表れ，案内を見て寄ってみたいという近所の方々の参加が見られるようになってきている．

　また，この体験発表会には，精神障害を体験した人々が，自分たちと同じ経験をしてほしくないという思いが込められている．病院生活の辛い体験を味わってほしくないし，社会に出てからもそんな苦しい思いをしてほしくない．体験発表で語ることで，少しでも，現状が良くなっていったらという願いがこもっている．

　今回のブックレットの発刊は，1998（平成10）年4月からやどかり研修センターがやどかり情報館の活動からはずれ，やどかり出版に文化事業部の活動が新たに位置づいたことに端を発し，さらに昨年1年間の実績で私たちが語り合ってきた「障害を持ちつつ生きる」という体験が，多くの方々に共感を得ているという手ごたえを感じていることから夢を育んできたことが，実を結んだものである．第1回から第4回までの体験発表会はやどかり出版の発行する「響き合う街で」6号に掲載されているが，できれば自分たちで企画する本づくりを進めていきたいという思いがふくらんでいったのだ．やどかり出版の編集者と二

人三脚で，ブックレットづくりの夢が現実のものとなっていった．

　やどかり情報館で開催する体験発表会に参加できる方はどうしても限られてしまう．でももっと多くの人々にこの思いを届けたい．

　地域で孤立して生きている人たちや，まだ病院で入院している人，はじめて病気の体験をし，とまどっている人，病気や障害があっても地域の中で，その人なりに暮らしていきたいと思っている人々，そんな人の手にこの本が届いていくことを願っているのである．

　このやどかりブックレットに私たちの思いを込めて，全国の仲間に届けたい．

1998年9月
　　　　　　　　やどかりブックレット編集委員会

目　次

発刊にあたって ……………………………………………… 3

はじめに …………………………………………………… 11

好きな人との暮らし　　　　　　渡　修(わたり しゅう) ……… 15
　社会不安障害を抱えながらの学生生活 ………………… 16
　自分のことを精神病だと認めたくなかった …………… 18
　ひとり暮らしを始める …………………………………… 19
　精神科と薬の副作用 ……………………………………… 21
　チャットでの出会い ……………………………………… 21
　チャット仲間から実際に会うようになった …………… 22
　好きな人と暮らしたい …………………………………… 24
　手帳を活用してのデート ………………………………… 26
　互いに理解し合えるように努力する …………………… 27
　両親も彼女を認めてくれた ……………………………… 28
　実家ですき焼きパーティー ……………………………… 29
　結婚について ……………………………………………… 30
　障害者枠で仕事を探した ………………………………… 31
　足を痛めながらも仕事を続けた ………………………… 34
　やどかり情報館にたどり着いて ………………………… 37

生活していく上での工夫 …………………………… 38
　　葛藤を抱えながら仕事をするということ ……… 39
　　精神障害者でも恋愛はできる …………………… 40

新しい家族愛のかたち　　　　山田　明 ……… 43
　　単身グループホームに …………………………… 44
　　発症するも良好な回復ぶり ……………………… 45
　　将来の課題と支え合える家族がいること ……… 46
　　懸命に働く父母を見て育つ ……………………… 48
　　充実した高校生活 ………………………………… 49
　　恋愛に積極的な「肉食系の男」 ………………… 50
　　女性に対する理解を深めた ……………………… 51
　　結婚問題から世間を知る ………………………… 52
　　美しい容姿と心を兼ね備えた妻 ………………… 52
　　彼女を守りたい想いからプロポーズ …………… 53
　　命の重みの実感と妻の病気 ……………………… 55
　　悩み多き職場で発病 ……………………………… 56
　　過酷な入院，闘病生活 …………………………… 57
　　病気に翻弄される家族 …………………………… 59
　　困った時だけ支援する …………………………… 60
　　試行錯誤の末の家族愛 …………………………… 62
　　父親としての役割 ………………………………… 64
　　「絶望せず」に「病気から学ぼう」 …………… 66

出会い　結婚　子育て　和田　公一(きみかず)・千珠子(ちずこ) ……… 69

共にこの道をゆく

　　あきらめなければ人生は動く　　和田　公一 ……… 70
不安で反復行為…… ……………………………………… 70
苦手を克服するために福祉の仕事を ……………………… 71
結婚, 天職とも思える仕事も得た ………………………… 72
地軸が定まらない苦悩の日々 ……………………………… 73
順調な出世, しかし病状悪化 ……………………………… 74
退職, そして最初の妻との別れ …………………………… 75
今までとは違う生き方をしよう …………………………… 75
死ぬことばかり考えていた２年間 ………………………… 76
家族との再会 ………………………………………………… 77
36歳の転機, 当事者の友だちができた …………………… 78
私のビジョンが開けた ……………………………………… 79
妻との宿命的な出会い ……………………………………… 80
同棲をする覚悟を決めた …………………………………… 81
反対を押し切り娘を出産 …………………………………… 82
２歳３か月で戻ってきた娘 ………………………………… 83
隠さない生き方 ……………………………………………… 83
障害者も健康な人も対等 …………………………………… 85
恋愛はどんどんしてほしい ………………………………… 85
共にこの道をゆく …………………………………………… 86

たった一度の人生だもの
　障害があっても子どもを産み育てることもできる
　　　　　　　　　　　　　　和田千珠子 ……… 88
将来への不安から発症 ………………………………… 88
病気を隠さず生きると決心 …………………………… 89
交通事故のような彼との出会い ……………………… 90
自由と夫と子ども……………………………………… 91
母と長兄に強制入院させられた ……………………… 93
私の心の中のアヒル …………………………………… 95
美珠の誕生 ……………………………………………… 96
早く子どもと暮らしたい ……………………………… 97
美珠は乳児院の希望の星 ……………………………… 98
子育ての喜び …………………………………………… 98
子どもにも病気を隠さない …………………………… 99
病気がなければ百点満点の夫 ………………………… 100
たった一度の人生だもの……………………………… 102

おわりに ……………………………………………… 103

　　　　　　　　　　　　　イラスト　黒崎　夢

はじめに

　皆さん，精神障害者というと，どのようなイメージがありますか．健常者から見れば，社会不適応者，あまり関わりたくない人たち等でしょうか．精神障害当事者でも，自分は社会的に不適応なんだ，治さないと普通に生きていけないと思っている人もいるでしょう．本書は恋愛や結婚について，3組の精神障害を抱えたカップルの体験談です．精神障害当事者の人も含めた多くの人々は，精神障害者になってしまったら，恋愛なんてしてる余裕なんてないんじゃないか，と思っているかもしれません．しかし，それは違います．逆に精神障害者だからこそ，恋愛に支えられ，結婚という絆に救われる，そういうこともあるかと思います．
　本書では，心の病と葛藤しつつも，仕事・恋愛・結婚と健常者でも大きな出来事に，試行錯誤を繰り返しながら一所懸命頑張っている姿が綴られています．何年も2人で支

え合って生き，運命的な出会いをし，結婚して家族の愛を大切にしようと思うことは障害者だってできるんです．精神障害者であろうとなかろうと，恋をあきらめかけていた人は，この本を読むことでもう一度恋というものにチャレンジする勇気が湧くかもしれません．

　ただ，この本は恋愛指南書ではありません．3組の（家族を含めた）カップルの人生・恋愛・結婚がテーマであり，それを読んでいただいて，どう思い，何を感じるのかは，読者の皆さん次第です．

　私も筆者の1人ですが，他の2人の筆者も口を揃えて，とにかく恋愛は積極的にしようと言っています．出会いがなければ，もちろん恋愛はありませんし，行動を起こさなければ，恋愛には発展しません．また恋愛に発展しても，長年継続し結婚へと至るのも，苦難の道かもしれません．しかし，1人だけの人生よりは，より充実した人生になると私は信じています．

　バーチャルな恋愛が跋扈(ばっこ)する現代，恋愛に億劫になる人がますます増えるかもしれません．しかし，それとは逆にインターネットやスマートフォンが普及した昨今では，新しい出会いの形も増えてきています．本書にもインターネットでの出会いというものが含まれています．良くも悪くも，情報が氾濫し，そのツールを使う側のモラルも問われてきています．

　本書は，精神障害者でも恋愛をしたい人のみならず，恋愛に臆病になってる人，健常者，精神障害者の恋愛と結婚

に興味がある人等，どのような方でも読めるようになっています．本書をお読みいただき，恋愛と結婚について，何かしらプラスの方向に意識が向いてくれることを願っています．

2014年3月

　　　　　やどかりブックレット編集委員　渡　修

好きな人との暮らし

渡 修

社会不安障害を抱えながらの学生生活

　僕の病気は社会不安障害といいます．通称 SAD (Social Anxiety Disorder) と呼ばれるものです．わかりやすく言うと対人恐怖，または不安神経症と呼ばれるものです．それに付随してうつと睡眠障害があります．SADの主な症状は，極度の緊張・不安状態，それによる視線恐怖，会食恐怖，動悸，吃音，赤面，手の震え等です．うつは抑うつ状態がひどく，ひどい時は死にたいとさえ思います．不眠症はなかなか眠れない，中途覚醒，早朝覚醒等があります．これらの症状を薬で何とか抑えているというのが，現状です．ひどい時は薬も効きませんが，今は概ね安定しています．

　医者の診断書では中学1年の時に発病したとなっていますが，小さい頃から人見知りがひどく，小学生の時には教科書の朗読の時間に緊張してどもってしまったり，音楽の時間に笛を吹く時，緊張して手が震えたりしました．そのことで冷やかされもしましたし，その頃から自分は社会的に不適応になってしまったのではないかと思っていました．

　中学1年（1989＜平成元＞年）の3学期からは不登校になり，家に引きこもっていました．精神的に限界だったんだと思います．それから卒業するまでは，1日も学校へ行けませんでした．この時は社会自体が怖くて，絶望しか感じられず，家から一歩も外へ出られなくなりました．

それでも高校へは何とか進学することができました．通信制でした．中学の頃，不登校になってからまったく勉強していなかったので，通信制とはいえ勉強についていけるのか，心配でした．ですが，実際やってみると，それは杞憂(きゆう)で，ちゃんと勉強ができました．この頃から，人前で字を書く時に手が震えてしまうという症状が出るようになりました．後に病院に行くようになるまでは，人前で字を書くことに恐怖を感じていました．自分でもおかしいと感じていました．

　同じ頃（1992＜平成4＞年），クロネコヤマトでアルバイトをしました．片道1時間かけて自転車で通勤し，ラインに入って10kg～30kgの荷物をひたすら載せるという重労働でした．一般の会社はスピードと確実性が求められるので，遅いと怒鳴られます．それがとても辛かったです．

　大学には進学しました．でも対人恐怖の症状は治まりませんでした．出席を取る時に，「はい」と返事するだけでも緊張していましたし，出席表に名前を書くことも辛かったです．それでも片道2時間半かけて週6日，通っていました．親にお金を出してもらって通わせてもらっているので，頑張らないといけないと思っていました．

　何とか2年間通ったのですが，対人恐怖の症状がひどくなっていたのと，大学というところにあまり魅力を感じなかったということがあって，父の勧めで1年間休学し，結局は中退しました．1998（平成10）年，22歳でした．

自分のことを精神病だと認めたくなかった

　その後，家に引きこもるようになりました．1年半程だったと思います．年の離れた弟が小学生で，よく弟の友だちを連れて外に遊びに行ったり，普段の日は家にいると母がとても嫌がったので，図書館へ通ってひたすら本を読むという生活をしていました．高校の頃から読書は好きで，世界の文学作品（トルストイの『戦争と平和』等）を読みました．また，物理にも興味をもち，アインシュタインの相対性理論に感銘を受け，大学に通っていた頃，独学で中国の歴史等のほか，物理の本をよく読んでいました．その頃は物理だけではなく，歴史学・心理学（ユング・フロイト等）・哲学・量子力学・分子生物学・中国哲学・文化人類学など，手当たり次第興味がある本を読みまくりました．そこで雑学を身に付けることができたように思います．

　大学を休学していた頃，自分で精神病の本を読んでいたら，社会恐怖という病気の症状にピッタリ当てはまったんです．自分はやっぱり精神病なんだと気づきました．

　中学生の時，親に病院に行ってみないかと誘われたことがありましたが，その頃は精神病に対して偏見をもっていたので，自分はそういう病気ではない，ただ単に心が弱いだけだと思って，病院には行きませんでした．自分のことを精神病だと認めるのがとても嫌でした．

ひとり暮らしを始める

　この頃,家族と,主に母と度々衝突するようになってしまいました.元々中学生の時からよく喧嘩をしていたのですが,ただの喧嘩と呼べるようなレベルではなくて,母が家を出て行ってしまったりしたんです.今思えば母もその頃から心を病んでいたのかもしれません.今,母は精神科に通っていて,そううつ病の診断を受けています.僕も辛い思いをしました.それがきっかけとなって,1999（平成11）年9月,24歳の時に家を出てひとり暮らしをすることになりました.千葉県の市川市でアパートを借りることができました.親の援助があったのと父が保証人になってくれたので,できたことでした.ただ,すんなりと援助をしてもらえたわけではありません.親に喧嘩口調で出て行けと言われてしまい,だったら,援助をして欲しいということを条件にひとり暮らしをしてみると言ったんです.

　だんだん援助額が減らされていって,自活するのはたいへんだったんですが,ひとり暮らしをしたことは精神衛生上はよかったと思っています.母がヒステリックになったり,信仰の話をしてきたりして,父もどちらかというと母の味方だったので,ひとり暮らしをして,ちょっと楽になりました.

　当時のインターネットの日記[注1)]を見てみると経済的にはかなり厳しいことがわかります.

「自分がひとり暮らししていた生活費等の内訳ですが

家賃4万円（管理費含む）
食費1万円（完全自炊）
水道光熱費約7千円
その他インターネット代，携帯代等雑費1万3千円

あとは貯金に回していましたね．

　おかげで今ではお金に困ってはいません．当時のアパートはロフト（4畳半くらい）・UB付，1Kで広さ的には問題なしでした．食事は豪勢ではありませんでしたが，自炊したほうが経済的にも栄養バランス的にもよかったと思います」

　上記にあるように通常のひとり暮らしでは，やり繰りがとても厳しい環境でした．
　インターネットのオークションや株式投資などで生計を立てていたのですが，仕手株に手を出してしまい，大損をしてしまいました．その後，最初の投資段階まで取り戻すことはできたのですが，それで株はやめました．
　インターネットのオークションは業者が入ってくるようになり，稼げなくなってしまいました．

注1）**インターネットの日記**
　渡さんがmixi（日記，写真などを友人・知人と共有できるソーシャルネットワーキングサービス）で掲載していた日記．当時の状況や思いが綴られている．

精神科と薬の副作用

　稼ぐあてがなくなり，病気を認めたくはなかったのですが，薬を飲んででも働かなくてはいけないと，2003（平成15）年3月に近くのメンタルクリニックに行きました．27歳でした．これが自分は病気だと自他ともに認めるきっかけになりました．その病院の診断でも，やはり自分が本で読んだ通りの社会恐怖と診断されました．

　そのクリニックではいろいろな薬を試しました．なかなか合う薬がなくて，30種類以上は試したと思います．副作用でたいへんな思いもしました．倦怠感・頭痛・吐き気・便秘・湿疹・寝たきり・アカシジア等で悩まされました．でも，薬は合うものが見つかれば，緊張感や不安感が取れるので，必須です．薬を飲み忘れると，職場での緊張感や不安感が拭えません．今でも大量の薬を飲みながらですが（昼間7種類，夜7種類），何とかやどかり情報館での仕事は続けられています．

チャットでの出会い

　1999（平成11）年頃から，インターネットのメンタルヘルスサイトに入り浸るようになりました．そこにチャット[注2)]

注2) **チャット**
　コンピュータネットワークを通じてリアルタイムに文字ベースの会話を行うシステム．実際の会話のように短い文章をリアルタイムにやり取りしてコミュニケーションを行うシステムやサービス．

する場がありました．そこでさまざまな人とチャットをするようになりました．引きこもっている人，病気で苦しんでいる人，病気を抱えながらも仕事している人，いろんな人がいました．自分の苦しかったことや今現在悩んでいることなどの話を中心に，趣味の話・哲学的な話などいろいろな話をしました．当時は自分が病気であることを認めるのが怖くて，でも，この苦しさを誰かにわかって欲しいという気持ちもあって，理解してくれる人を求めていたのだと思います．

　チャット仲間には女性もいて，実際に会うこともありました．当時は今よりもスリムで，チャットで知り合った女性たちからは好意的に接してもらい，いろいろな女性とお付き合いするようになりました．僕は奥手なので，女性のほうから告白されることが多かったです．20代後半のことです．

　今お付き合いしている彼女とも，メンタルヘルスサイトのチャットで知り合いました．最初は付き合うつもりはまったくなく，チャットの仲間としてしか意識していませんでした．チャットでのイメージはおおらかで和やかなところもあるけど，芯がしっかりした女性だなという印象でした．

チャット仲間から実際に会うようになった

　知り合ってから2〜3年はチャット仲間として，普通の雑談などをしていました．彼女も10代，20代に両親を亡くされて，かなり苦労している人でした．当時僕は家族と

は不仲で,両親の悪口を言ったりしていましたが,それでも,親の庇護にいることには変わりがなく,彼女にとっては僕の愚痴は,おそらくあまり快く思っていなかったと思います.それでも,彼女はおおらかな目で僕のことを見てくれていました.そういうこともあって,彼女は今まで付き合ってきた女性とは少し違うと感じていました.彼女を意識し出したのは,確か僕からだったと思うのですが,電話をしてみないかと言ったことがきっかけだったと思います.それから携帯電話のメール交換などもするようになりました.そうしているうちに,彼女が隣の県に住んでいたこともあり,会ってみないかという話になりました.彼女がうちの近くまで来てくれたのが,彼女との最初の出会いでした.2006(平成18)年の11月,31歳になっていました.

　初めて会う時はとても緊張しました.彼女も緊張していたようです.電話で話したことはあっても,お互いに顔も知らない相手ですから,仕方ないと思います.でも,チャットだけではなく,いろいろな人との出会いを大切にしたいと思っていたので,実際に会うことにしました.

　会ってみると,物静かでおしとやかな女性で,声がとても綺麗で,そこに魅力を感じました.彼女も僕のことを気

にいってくれたみたいで，彼女のほうから告白されました．彼女も精神科に通っていました．病名はうつです．でも，病歴が僕より浅く，薬も1種類しか飲んでいなかったので，比較的健常者に近いという印象でした．その頃の僕は，働いてはいましたが，薬を3～4種類飲んでいました．

　まだ偏見をもった方の中には，インターネットの出会いというのは，いかがわしいものが多いんじゃないかって，思っていらっしゃる方も多いかもしれません．確かに，インターネットでは出会い系でのトラブル等ありますが，中には純粋にいろんな人と出会ってみたいという人もいるんです．恋愛に発展する場合もあるでしょうし，合わない場合もあるでしょう．でもそれって，インターネットで出会った恋愛だけじゃなく，リアルで出会った場合も同じだと思います．ですから，インターネットで知り合った恋愛を安易に否定するのはどうかと思います．

好きな人と暮らしたい

　彼女と出会ってから付き合うまではほとんど時間がかからなかったので，最初の出会いが付き合いの始まりだといってもいいと思います．付き合い始めて，同棲するまでの間は実家にいたのですが，その頃はお互い仕事をしていて，夜，2人だけでチャットをして，その後で電話で話し，出勤するというパターンの生活を普段はしていました．で，月に1回か2回ほど，彼女の家へ会いに行ってい

ました．彼女の家までは，片道 2 時間半近くかかったのですが，毎回楽しみで，馴染みのお弁当屋さんで夕食を買って，いっしょに食べることが多かったです．

　今，僕と彼女は同棲しています．同棲を始めたのは最初の出会いから約 1 年後の 2007（平成 19）年 11 月，32 歳の時でした．埼玉県の久喜市にアパートを借りて，そこで 3 年暮らしました．

　その後，2010（平成 22）年 10 月，35 歳で現在の埼玉県さいたま市見沼区の団地に引っ越してきました．同棲しようと思ったのは，彼女が隣の県に住んでいて少し遠かったのと，自分はいつか好きな人と暮らしたいという思いが強かったからです．

　彼女との同棲にあたっては，しっかり資金を貯めました．2005（平成 17）年，29 歳で一度実家に戻り，半年ほどしてから夜勤の仕事を始め，2 年で 300 万円以上の貯金をしました．もちろん実家にも生活費を入れていたのですが，趣味らしい趣味もなかったので，かなり貯金ができました．

　久喜市での同棲生活は僕にとって，とても楽しい日々でした．今でも思い出すのは，彼女とよく川辺を散歩したことです．アパートのすぐ近くに川が流れていたので，その土手の歩道沿いをよくいっしょに歩きました．春になると川沿いに桜が咲き，川の歩道沿いに提灯がついて，とても綺麗でした．寒い季節になると，鴨をよく見かけました．アヒルもその川に住みついていて，よく餌をねだられま

した．パンなどが家で余っていると，それをアヒルに食べさせていました．鴨は人になつかないんですが，アヒルは警戒心がないのか，人間に慣れているのかわかりませんが，僕たちを見かけると，よく近づいて餌をねだっていました．そういう写真をインターネットのブログにアップロードすると，ブログを見てくれている皆さんが「かわいいですね」とか「写真撮るのうまいですね」って言ってくれました．素直に嬉しかったです．

手帳(注3)を活用してのデート

　その他にも 2009（平成 21）年 1 月のネットの日記には下記のような思い出もありました．

2009 年 1 月 21 日
「手帳をとってから，ドコモのハーティ割引ぐらいしかあまり使ってなかったので，昨日，上野の動物園と国立科学博物館に行ってきた．どちらも，手帳を見せるだけで，彼女と二人で無料で入れた．しかし，読みというか，甘かった．二人とも普段から運動不足だったので，広大な博物館と動物園を見るには，きついスケジュールだった．（本当はもう一カ所見る予定だったんだけど，時間的肉体的に無理だった）まずは科学博物館だが，2

つの館があり，1時間ではとてもみきれなかった．次に動物園だが，これもまた広大で，見てまわるのに1時間半はゆうに越えてしまった．上野動物園なんて何年いや何十年ぶりだろう．子供のときいったきりだ．平日だというのに，結構カップルがいたな．

　上野のデートの後は，ディナーを食べて，ホテルに入った．やっと落ち着いたと思った．でも，久々に人混みの中に入ったせいか，体は疲れているのに，なかなか眠れなかった．結局寝たのは2時間半くらいだった．今日家に帰ってきて，さっきまで休んでました．

　もうそろそろ本格的に就職活動しないといけないので，今回のデートでしばらくは遠出でのデートはできないだろうなぁ」

　手帳をとってからこのように有効活用していました．この時はまだ傷病手当金が出ていて，貯蓄もあったので，経済的にはまだ焦燥感というものがなかったです．

互いに理解し合えるように努力する

　現在は，自然が豊かなところではないし，2人とも裕福な生活を送れるほど稼いでいないので，主に家の中で過ごすことが多いです．インターネットの動画を見たり，音楽を聴いたり，ゲームをしたり……．でも，たまには外食を

注3）**精神障害者保健福祉手帳**
　1995年（平成7）年に改正された精神保健福祉法に規定された精神障害者に対する手帳制度．

したり映画を観に行ったりと出かけることもあります．旅行にも出かけます．インターネットで2人で1万円ちょっとの安い宿を探して，普通列車で目的地まで行くんです．

大切な人がいてくれることで，精神的にもとても落ち着くし，その人のためだったら仕事も苦にならないと思えます．彼女が生きがいになっていて，いてくれることが生活の張りにつながっています．

とはいえ，お互いのことを完璧に理解し合うことはできません．症状を理解してもらえないという部分はお互いにあります．そのことで喧嘩もしました．無職だった頃，自分の症状が理解されず，「早く就職して」と言われた時は，精神的に落ち込んでしまいました．

でも，健常者も同じだと思うのですが，男性と女性では考え方が違うので，病気の症状だけでなく，相互理解を完全にできるようになるのは難しいと思います．でも，人は努力して，相手を喜ばせることができます．その努力が実らなくても，そのことは決して無駄ではないと思います．

両親も彼女を認めてくれた

僕の両親は彼女のことを悪く言ってはいません．受け入れてくれていると思います．

ですが，一時期両親とは断絶していたことがありました．両親に対して心を閉ざしていました．3年間，まったく顔を合わせませんでした．その3年間というのが，久喜市で彼女と同棲していた時期です．

彼女と同棲するにあたってお金を貯めていたので，経済的な援助を受ける必要がなかったということもあるのですが，両親がクリスチャンで，僕自身は宗教に抵抗があり，価値観が合わず揉めていたことも断絶した理由です．親からの宗教についての圧力に対しては，中学，高校からずっと闘ってきました．

　両親と再び交流をもつようになったきっかけは，生活に困ったことです．毎月1回，礼拝に出る前にちょっとした仕事をして，給料と称してお小遣いをもらっていました．そうしているうちに仲良くなってきました．

実家ですき焼きパーティー

　最近はなるべく彼女を実家に連れていきます．両親は彼女のことを家族の一員と思ってくれているようです．父は「うちに来たら，食べたいものを食べさせてあげるから，気軽に来なさい」と言ってくれています．

　以前，彼女が「すき焼きが食べたい」と言うので，それを父に言ってみたら，「うちで，おいしいお肉を用意するから，いつでも来なさい」と言ってくれました．彼女といっしょに日帰りのつもりで食べに行ったんですが，お肉は1kgぐらい用意してくれて，高いものでした．彼女も最初はおいしい，おいしいって食べていたのですが，酒豪の父にお酒も勧められ，ハイペースで日本酒を飲む彼女を心配していました．ですが，顔も赤くなっていないし，大丈夫だろうと，たかをくくっていました．でも，やっぱり

というか，彼女は吐いてしまいました．「修ちゃん，修ちゃん，苦しいよ．助けて」とあまりにも苦しそうにしてるので，介抱してあげました．吐き気はなかなか治まらず，とにかく楽にしてあげようと思った僕は，薬局に行って，液状の胃腸薬を買ってきましたが，それさえも吐いてしまって，仕方なくその夜は実家に泊まることにしました．その後，3, 4回吐いて，やっと楽になったのか，午前0時くらいには休むことができました．翌日にはかなり体調も良くなっていました．

　二日酔いしてしまったのは，彼女に一番の責任はありますが，勧める父も，もうちょっと配慮してくれたらなぁと思いました．それ以来，彼女は懲りたので，今度行く時は実家じゃなくて外で食べたいと言っています．まぁ，過ぎてしまえばいい思い出だと思います．

結婚について

　結婚についてはもちろん考えています．経済的な問題は今暮らしている団地の家賃が破格の安さということもあり，クリアできていると思っています．僕としては今すぐにでも結婚したいと考えているのですが，うちは僕以外の家族がみんなクリスチャンで，彼女のほうが敬遠してしまっているところがあります．だけど，僕のことは決して嫌いになっているわけではなく，むしろそのことさえなければ，彼女も結婚したいと思っているようです．

障害者枠で仕事を探した

　彼女と付き合っていた頃，仕事は薬を飲みながら続けていました．病気のことは話さなかったです．夜勤の仕事をしていました．大手スーパーのお肉とウィンナーやハムの仕分けでした．時給はよかったのですが，残業は多いし，昼夜逆転してしまってたいへんでした．しかも仕事が終わるまで帰れず，勤務日はシフト制，だいたい週休2日，その頃は，勤務時間は休憩を含めないで計算すると7〜11時間とハードでした．でも大手スーパーだったので，社会保険に入れたのはよかったです．

　その頃，2週間に1度，夜勤明けに病院に通うことが辛かったです．仕事が終わった後に2〜3時間待って診察を受け，薬をもらうことになっていたので，あまり寝ることができないんです．そんな生活を2年続けました．

　それ以来，一般雇用枠での仕事は考え直してハローワークに通い，障害者枠での仕事を探しました．その時の就職活動の様子を日記で，いくつか書いていました．

2009年10月20日
「今日はさいたま新都心のスーパーアリーナで 障害者の合同就職面接会でした．2社にしぼって面接を受けました．11時頃家を出て，12時過ぎくらいにさいたま新都心に到着．そこから支援センターの人と行動を共にしました．まず，人が多くて驚きました．12時半受付開始なのに，12時10分くらいには100人は並

んでいたでしょうか．その後も続々と人が入ってきて最終的には4,500人くらいいたでしょうか．座席は浦和，川口，大宮とブロックに分かれていました．座りきれないので，立っている人もいました．

　1時から面接が開始．次々と名前が呼ばれる．緊迫感がましてきました．1時45分頃，最初の会社の面接．大手のT社でした．支援センターの人と面接を受けました．いざ，面接を受けると，意外と求人票と書いてある仕事の内容とほとんど違う．求人票の仕事の内容にはPCのデータ入力としか書いてなかったのに，営業だの接客だの，即戦力になるような人を捜しているという．社会不安障害であることを告げると，先方は嫌そうな顔をした．こっちも対人恐怖があるから，この話はなかったことにした．支援センターの人も断ってくれた．

　再び座席に戻り，待つこと7，8分．次の会社に呼ばれる．今度も大手のS社．PCでのデータ入力と顧客名簿の管理と求人票には書いてあったが，こっちも期待を裏切るように電話応対，来客応対が必須だの言ってきた．でも，こちらは自分に好印象を持ってくれたのかわからないが，2次面接・筆記試験を受けるように言ってくれた．一つがだめだったので，とりあえず，面接の日時を聞いて，受けることにした．支援センターの人は後であの会社はSADのオレには無理だから，やめるように言ってきた．でも，やってみないとわからないよね．明後日（22日）の合同面接次第で，やめるか決めます，と言っておいた．

　そこからは支援センターの人と別れて帰路につく．2時半くらいだっただろうか．家についたのは3時20分くらいだった．人

混みに行ってきたので,精神的に疲れたが,次がまだある.22日(明後日)である.これが本命で3社受ける.その他にも,前の日記で書いた2社の書類選考の結果が来てない.
　次こそ,確実に受かりたいものだ」

2009年10月31日
「今日は大手S社の二次面接と筆記試験でした.
朝10時前くらいに出て,10時50分頃S社に到着.
家出る前に,採否の連絡が遅いK社に問い合わせてみて,とりあえず,工場の見学の案内の通知を今日送るので,週明けにも届くとのことを聞いていたので,気が少し楽に臨めた.11時と面接を約束していたが,一番のりだった.今日の筆記試験と面接は4人いたが,4人目の人が遅くきたので,少しまつ.4人目の人が揃ったところで筆記試験をまずすることになった.なんてことはない.簡単な漢字の読みや,お客様に対する丁寧語に直せ,単純計算などであった.漢字や計算は得意なのでパーフェクトに近いだろうけど,丁寧語はちょっと苦戦した.なんとか埋めたけどね.まぁ,全体的に7,8割はできたと思っている.緊張して手が震えてしまったが.
　その次に面接.1人1人やったが,一番後だった.シフト制で週休2日であることを確認し,休日出勤しても,休日手当がつかないことを言われる.後,今回の募集は16人応募しているらしいことを聞かされる.採用されるのは2人だ.競争率は8倍だ.筆記試験である程度落とされるんだろうけど,どうなるかは,後は『人事を尽くして天命を待つ』心境です.採否はだいたい1週間を見て

くれという．郵送で送られてくるらしい．家に着いたのは1時前でした．

　今夜は外食です．就職活動も一段落したし，うまいものでも食べよう」

　今思うと，僕が就職活動していた頃は，不況のためか，ほんとうに就職がたいへんだったんだなと思いました．

足を痛めながらも仕事を続けた

　障害者枠での就職というのは，やはり精神障害では難しいと思い，仕方なくコンビニエンスストアのアイスクリームの仕分けをする仕事をしました．この時の苦労も当時のインターネットの日記に書いてありました．

2010年7月16日

「やっと明日休みがもらえました．この三日間，ホントにきつかった．久しぶりの仕事のせいもあるんでしょうが，この仕事はマジでキツイ．何がきついかって，冷凍庫内作業なので冷凍庫内を歩きまわって足が無意識的に踏ん張って，結果，痛めてしまうんですよね．スピーディーな仕事なので，それも足を痛める原因の一つかもしれません．仕事の帰りなんて，足ひきずってましたよ．で，足が痛いのが，2・3日で治るとかをくくっていたのがいけないのか，朝起きてもまだ痛いんですよね．マジで仕事いくのやめたくなりましたね．しかもこれから繁忙期なので，どんどん仕事量が増えていくわけですよね．帰りも当然のごとく遅くな

り, 足も酷使することになる. 足がなれてくれるのを祈っていてもしょうがないので, 休みの日は足のストレッチとかしてます. まぁ, ろくに運動してなかった自分が一番いけないんですがね. 愚痴吐き失礼しました」

2010年7月19日
「今日5日目にして, 早くも仕事を休んでしまいました. 原因は膝に水がたまっていて, 痛くて歩くのもままならなかったからだ. 休日やっている医者にもいってきたが, 『原因は急に足を使ったからだから, 長時間の仕事は控えてください』とのこと. でも, やっぱり一番悪いのは, 俺だ. 今まで仕事のブランクのときに鍛えておかなかったからだ. 後悔先に立たずとはよくいったものだ. 俺はこれから, どうしていけばいいのだろう.
　とりあえず, 明日上司にとりあって, あまり足を酷使しない仕事にまわしてくれないか, 頼んでみる」

2010年7月26日
「昨日, 仕事をしていたら, 足が痛くなってひきずって, 仕事していました. そしたら見かねた上司が『とりあえず, 休憩室で休んでて』と言ってくれました. ここんとこ, 痛み止めを飲んで仕事をしていたのですが, 限界に来ていたようです. 帰宅途中, もう足が限界で, 50メートルを30分以上かけて進んでいきました. 降りる駅のホームで踏ん張って, ちょっとずつ足をひきずって, 歩いていると, 心配してくれた女性が声をかけてくれて, 『駅員さん呼びましょうか』お言葉に甘えて, 駅員さんを呼んでもらったの

はいいですが，駅員さんはしきりに救急車をすすめてきたのです．自分は『救急車はいいです．お金もかかるし』といって，どうにか彼女に連絡がとれて，迎えに来てくれました．タクシーまで車椅子でいって，乗って帰りました．今日は休みだったので，タクシーを使って（もちろんタクシー券を使って）整形外科にいって，診察してもらいました．今日は本当は彼女は出勤だったのですが，自分がふがいないために一緒に病院にいきました（車椅子にのせてもらうため）．彼女には頭があがりません．いつもありがとう．で，肝心の容態なんですが，過労で，足の骨がずれてしまっているとのことでした．仕事はよくなったら，続けてもいいとのことでしたが，今の状態（2足歩行できず，四つんばいになって歩いている状態）じゃ，仕事じゃお荷物になるだけです．今日もアパートは2階なんですが，はって下までおりていきました．とりあえず，痛み止めとシップをもらって，帰ってこれを書いています．上司に連絡するのは，明日の朝になると思います．もう少し長期の休みがもらえなければ，きっとクビになるでしょう．日ごろの運動不足がこんなにもこたえるとは思いませんでした．運動は大事ですね．身にしみました」

2010年7月30日
「昨日から，彼女が通っている接骨院に毎日通っている．アイスノンで患部を冷やして，続いて電気を流される．それから先生のマッサージ．先生が言うには，治るには，2週間はかかるとのこと．今はとにかく安静にしてください，とのこと．リハビリとかは，まだまだ考える時期ではないらしい．こんな状態では，仕事復

帰まで2週間以上かかってしまう．繁忙期にこんなに休んでは，クビにもなりかねない．でも，自分からやめると言うのはやめておこう」

　今読んでも，とても苦労していたことがわかります．この職場も1年弱で辞めてしまいました．

やどかり情報館にたどり着いて

　やどかり情報館にたどり着いたのは彼女のおかげです．失業中に彼女が広報誌を見て，やどかりの里の障害者生活支援センターを見つけてくれました．そこの職員に相談したところ，やどかり情報館を紹介してもらいました．やどかり情報館に来たのは2011（平成23）年9月，36歳でした．

　同棲を始め久喜市に住んでいた頃は，生活費は家賃を含め全面的に僕が支払っていたのですが，アルバイトをしていた時も無職の時も生活費が足りず，貯金を切り崩す生活をしていました．無職の時は傷病手当金や失業保険をもらっていましたが，やはりそれだけでは生活費が足りず，この時も貯金を切り崩して生活していました．

　働かなければならないというプレッシャーを感じながらも，どうしても病気で辛いので働きたくないという気持ちもあり，かなり葛藤がありました．

　やどかり情報館に来てからは，僕の給料だけでは生活できないので，彼女も働いてくれています．紆余曲折はあり

ましたが，やっぱり彼女は良き理解者です．彼女は働いたお金の一部を惜しげもなく，生活費として入れてくれます．今でも少なくないお金を入れてくれているので，かなり生活が楽になりました．僕の場合は長年，年金を払ってなかったので，障害年金をもらえる時期がとても遅くなってしまうこともあり，自分でお金を稼がないといけません．障害年金をもらうためには，まず，国民年金か厚生年金の被保険者期間の3分の2以上支払っているか，免除にしていないと，受給できないんです．僕は免除制度があることを知りませんでした．それで，仕方なく仕事で稼ぐしか生活していくことができなくなったんです．でも，おかしな話ですよね．病気で普通に働くことができない人たちに対して，年金払ってないからといって，障害年金がもらえないっていうのは．働けないから払えないのに，本末転倒だと思います．

　さて，やどかり情報館では，自分では精一杯の週4日働くことにしました．たまに，週3日にしたい時もありますが，自分のためにも，彼女のためにも，これ以上日数は減らすことができないと思って何とか働いています．それでも，調子が悪い時は，2，3日休ませてもらっています．

生活していく上での工夫

　生活する上では，とにかく減免できるものは家賃でも水道料金でも何でも安くするように工夫しています．家事は分担して助け合って何とかやっています．

食は大事にしていて，毎日食材を買ってきています．まとめ買いすると，却って腐らせてしまうこともあるし，冷凍食品は高いんです．食事はどちらかが休みの時，もしくは交代で分担しています．彼女は健康志向で，魚や栄養のバランスの整ったものを作ってくれます．僕はボリューム重視で，肉が多いです．お互いに交代して分担することで，バランスのとれた食事ができていると思っています．

葛藤を抱えながら仕事をするということ

　困ったことがあった時は，なるべく自分で解決するようにしていますが，見沼区障害者生活支援センターの職員には定期的に相談に乗ってもらっています．近況報告やこんなことで困っていますということを話しています．

　それでも体調を崩してしまうことはあります．そんな時は頓服を飲んだり，寝逃げしてしまったりします．彼女が仕事でいない休日は，かなりうつがひどくなり，何もする気が起きないし，何も興味がもてません．そんな時は彼女に依存してしまっているように感じてしまいます．

　寝逃げしてしまうことについては，最初は怠けていると思い，罪悪感を感じていました．職員に相談したら，「１週間のうち，火曜日から金曜日まで仕事してるから，休息してると思えばいい」という言葉をかけてもらい，救われたような気持ちになりました．

　僕は障害者手帳２級を持っていることもあり，体調がいつもよいわけではありません．生活保護のほうがお金をも

らえるし，仕事を辞めたいと思ったことも何度もありました．それでも仕事を続けているのは，薬で何とかやり過ごせていることと，彼女の励ましのおかげ，また，やどかり情報館という居場所があるからだと思います．やどかりの里の考え方は，葛藤がある人を否定しないで，そのままその人を受け入れてくれるところにあると思います．それを実践しているやどかりの里はとても魅力的なところだと感じています．

　仕事を長く続けていく上で葛藤はついてまわるものだと思っています．やどかり情報館で働くプレッシャーもありますが，それ以上に生活のリズムが整う，張りが出るという大きなプラス面があると思えるようになりました．

　彼女のほうが体調を崩すこともあります．ただ彼女は精神的にというよりも，身体的なことが問題で，冷え性などいくつもの持病を抱えています．僕が支えていかないといけないと思います．

精神障害者でも恋愛はできる

　現在，僕は38歳，彼女は40歳です．彼女は気丈なところもあり，でも反対に家庭的なところもあって家事もよくしてくれるので，とてもありがたいと思っています．家事の分担などお互いに助け合いながら生活していて，対等な関係が築けていると思います．

　精神病になると，恋愛なんてできないんじゃないかって思う人が多いと思います．僕も引きこもっていた時期は，

恋愛や結婚なんてほんとうに無縁なものだと思っていました．でも，自分や人を信じることによって，自分の道を切り開けるものだと思います．自分で自分を否定するのはよくないと思います．自分は病気とともに前に進むという考えをもち始めてから，いろいろなことがプラスになってきたように思います．出会いの幅も広がり，病気を受け入れたことがよかったんじゃないかと思います．出会う機会をつくるのは自分自身だし，精神障害者でも出会いがあるんだということをみんなには考えて欲しいと思います．人生というのは，決して平坦な道だけではありません．ここで2つほど，僕が好きなアルバート・アインシュタインの名言をご紹介しましょう．『失敗しない人というのは，何もしてない人である』これは，何にでも通じることだと思いますが，何かにチャレンジするには失敗はつきものである，ということをアインシュタインは言いたかったのではないでしょうか．失敗は成功のもととも言いますし，誰でも最初は失敗はつきもので，それを乗り越えた人が成功への道に至るのだと思います．それともう1つ，『可愛い女の子と1時間いっしょにいると，1分しか経っていないように思える．熱いストーブの上に1分座らせられたら，どんな1時間よりも長いはずだ．相対性とはそれである』という有名な言葉です．ですから，恋愛に限ったことではありませんが，アインシュタインは人生とは充実していれば，短く感じ，その逆に苦痛だと長く感じるものである，ということを言いたかったのではないでしょうか．

これを読んでいただいた皆さん，障害があるなしにかかわらず，目一杯素敵な恋をして，より充実した人生を送ってください．

新しい家族愛のかたち

山田 明

単身グループホームに

　現在私は満 56 歳（1957 年生まれ）で，さいたま市にある「公益社団法人やどかりの里」のグループホームで独り暮らしをしています．病気は統合失調症です．結婚は病気発症の前で，家族に妻と 2 人の娘がいて，その 3 人は同じくさいたま市内のマンションに住んでいます．病気の前はもちろん病気になってからも，多くの期間は家族 4 人一緒に住んでいましたが，事情により引っ越してきた 2LDK のマンションではともかく狭いので，年頃の娘たちと一緒に住むことは困難と観念し，私の判断で 4 年前に今のグループホームに移り住んだのです．また，妻とも距離を取って生活したほうがお互いのストレスを減らし，良い関係を保つことができると考えたのです．

　私がグループホームで暮らすもう 1 つの理由は，将来さらに精神病や他の疾患で入院になったとしても，年を取って認知症になったとしても，できるだけ家族に迷惑がかからないようにしたかったからです．これらのことはやどかりの里の責任者の方々にすべてお話しして，然るべき支援をお願いしています．

　直近の退院から 2 年程経ちますが，私の病状も安定しており，家族からの信頼も徐々に回復し，頼まれごとも多くなりました．それに加え，時々みんなの様子を見に行くとともに郵便物を取りに行ったりしています．もちろん家族から SOS があればいつでも飛んでいきます．

発症するも良好な回復ぶり

　私が統合失調症になってから12年程経ちます．病気の急性期には「妄想」や「異常行動」「独り言」などが多かったのですが，今は病気の症状は「幻聴」ただ1つです．自分の考えていることが繰り返されたり，音楽のようなもの（例えばコーラス）が聞こえるのです．しかし，日常生活には全く支障はありません．時々困るのは，薬の副作用で「手の震え」や「ろれつが回らないこと」それに「便秘」なのですが，水をよく飲んだり，食事を工夫したりして問題ないレベルに抑えています．現在の病状は至極順調で，主治医の先生からは，「これまで診てきた中で，最も良好な回復ぶりだ」と言われています．

　私は現在病気休職中で，この約12年の間に病気休職と復職を3回程繰り返してきましたので，今でも何とか職場に籍があります．大学を卒業して総合職として採用されてから，ずっと同じ職場で働いてきました．そこでは，仕事が面白いこともあり，毎日のように深夜残業や休日出勤などを続け，今から考えれば精神疾患になる典型的な働き方になっていました．病気になったのはこんな働き方が背景にあったのです．

　なお，この所属先に就職してからは，世界各地30近くのいろいろな国に出張しました．そして最初の海外勤務はネパールでした．ここでも楽しい仕事をさせてもらいました．その他で印象的な国は，フィジー，キリバス，ツヴァ

ル, ナウル等の太平洋の島嶼国(とうしょこく)です. 25年以上前ですが, 人々が豊かな海の幸とともに心穏やかにのんびりと暮らしていたのが印象的でした.

　一方で, 私の病気は一筋縄ではいかずに, 4つの病院を渡り歩きました. 私は一旦病状が悪くなると薬が効かずに, 電気治療（1回の入院で15回程度実施. 手術室で全身麻酔の上, 頭に電極を付けて通電することで人為的にけいれん発作を誘発する治療法. 身体への負担が大きい）に頼るほかはありませんでした. 現在の主治医は地元の精神科病院の医師ですが, いざとなると都心の電気治療が実施可能な病院に送られるのです. そして退院後の療養生活については, 地元の精神科病院に通いながら薬物治療を受けつつ, 地域の福祉的な支援機関を活用して生活するのが良いというのが2つの病院の主治医の考えです. そうした考えも踏まえてグループホームに移ったわけです.

　なお, 現在娘は2人とも既に成人しており, 上の娘は去年の春に就職し, 下の娘は大学2年生になりました. 妻は一昨年（2012年）の8月から, 非常勤ですが, 再び働き出しました.

　こうした家族の状況も時の流れの中で変わってきましたし, 病気になっても「最低限に何とかなっている」というのが家族と私の現状ではないかと思っています.

将来の課題と支え合える家族がいること

　結婚前からの私の家庭運営の哲学として「家族をお金に

は絶対困らせない．お金にまつわる面倒なことは夫である私の役目として，妻には子どもたちと豊かな時間を過ごして欲しい，そして子どもたちにはのびのびと育って欲しい」との強い思いがありました．その思いの背景には，結婚して海外赴任した時に，妻がそれまで続けていた仕事を躊躇(ちゅうちょ)なく辞めて，ついてきてくれたことがあります．しかし，今妻にこの哲学を話したら，一笑に付されるだけですが，その通り，病気のため私のこの哲学は崩壊してしまったのです．病気の障害に苦しんだのはもちろんですが，仕事への誇りも失い，自尊心が大きく傷つくことにもなったのです．

　今はある程度自分を許せるようになりましたが，本音のところでは，今でも「障害を受けいれることの意味」が本当には理解できていませんし，サラリーマンの煩悩からも卒業できていません．こうした過去やそれへの慙愧(ざんき)の念をどう乗り越え，これからの長い人生を如何に生きていくかが私の大きな課題です．

　さらにこれから生きていく上で，仕事ができるようになっても，いくら趣味などもったとしても，これまでの人生で味わってきた喜びや楽しみを超える体験があり得るとは到底思えないのです．後ろ向きの人生観で批判を受けるでしょうが，だから生きていても仕方ないということではありません．こうしたことを現実として十分承知の上で，自分を見つめ，障害をもった自分なりの生き方を見つけなければならないということです．こんなことを考える

と，いつ再発するか分からない中，やはり「障害者として生きること」に挫けそうになります．自分と家族が楽になれるようにと，つまらないことも考えた時がありました．ですから，今は各関係者の皆様のご支援を受け，自分自身を叱咤激励しながら何とか毎日を過ごしている次第です．

その際に，私の過去の恋愛と結婚生活のもろもろの思い出は，自分自身を支える大きな糧になっているのです．これからお話しする恋愛と結婚の体験は，その意味でも私にとって大変貴重なものです．それに「支え合える」家族がいてくれることは，本当にありがたいことです．

そして当面は，これまで迷惑をかけてきた親戚も含めて家族（特に妻）の平安と幸せ，それに所属先への復職が私の願いです．今度は迷惑をかけないのはもちろん家族を支えられるように，努力していきたいと考えています．

懸命に働く父母を見て育つ

それでは私の性格や恋愛・結婚に対する考え方を理解していただくために，簡単に私の生い立ちと恋愛に関するいくつかのエピソードをご紹介します．

私は3人兄弟姉妹の末っ子で，家族構成は両親と長女，長男，そして次男の私です．姉とは12歳，兄とは9歳年が離れていて，一番遅く生まれた子どもなので，かわいがられて育ちました．

私が生まれたのは，東京の八王子市というところです．八王子市は当時繊維産業が盛んだったので，私の両親は，

家の近くの染色工場に夫婦共働きで勤めていました．その工場の社宅の4軒長屋（6畳と3畳間とお勝手とくみ取り便所との間取り）に，非常に狭いですが，家族5人で住んでいました．父母が懸命に働く姿を見ながら育ちましたので，貧しかったですが，不幸ではないと思っていました．

充実した高校生活

皆さんからは，私は生真面目・几帳面・責任感が強いなどと言われますので，血液型でいえばA型と思われがちですが，実はB型です．目立つことが好きで，高校時代には落語研究会に入っており，高座に上がってみんなに噺をするのが好きでした．落研では先輩に指名され部長を務めました．会社に入っても労働組合の委員長などもやりました．そのくせ，小心者でお人好し，それに一般常識に欠けるところもあります．

それと欲張りなところもあり，高校時代には陸上部にも入部し，槍投げをやっていました．土曜日のクラブ活動では，みんなはお昼頃から活動して午後3時頃に終わりますが，私は落研を先に終わらせ，その後，生徒がいなくなったところで，槍投げの練習をやっていました．そんな毎日で，楽しい高校生活でした．親友もたくさんできました．今でもその親

友たちは，病気の私に対し，お見舞いをくれたり，一緒に会って励ましてくれます．

恋愛に積極的な「肉食系の男」

　恋愛については，基本的には積極的なほうでした．男のほうがアタックすべしとの考えをもっていて，現在流行の言葉でいえば，「肉食系の男」でしょうか．中学 2 年生の時に初めてバレンタインのチョコレートをもらいました．結構もてたのです．同時に中学で既に好きな女の子もいました．

　高校時代には，何人か好きになった女の子がいましたが，その中で最初に好きになったクラスメイトの女の子には，気持ちも伝えて，彼女の家にも寄らせてもらいました．しかし，結局は「良い友だちでいましょう」と言われて，終わりました．でも彼女は，私の結婚式の 2 次会の幹事をやってくれて，友だちとして私に好意をもってくれていたのでしょう．

　高校 3 年生の時には，年下の 2 年生の女性を好きになり，相手も好意をもっているのが分かりましたので，アプローチする寸前までいきましたが，なぜか自分にストップをかけてしまいました．でも，今でもその女性の名前と顔形を覚えています．なぜアプローチしなかったのか分かりませんが，こういうことが，運命ということなのかも知れません．もし付き合っていたら，結婚していたような気がします．

女性に対する理解を深めた

　このような高校時代を過ごしたためか，あまり勉強をしていませんでしたので，浪人して大学に入学しました．裕福な家ではありませんでしたので，奨学金をもらって国立大学に行きました．大学はスポーツができる最後の機会と思い，ハンドボール部に入部しましたが，ずっと補欠でした．しかし，私の同期で部長になるはずの人間が先輩とぶつかってしまい，おかしな話ですが，補欠だった私が代わりにキャプテンをやることになりました．既述の通り，多分根っからのお人好しなのではないかと思います．
　大学 2 年生の時には，八王子の駅前の書店でレジをやっていた女性を好きになり，3 か月くらい通ってから，「付き合ってください」とレジの前で交際を申し込みましたが，あっけなく振られました．読みもしない本を買い続けていたため，随分損をして終わりました．同時に，その頃ラグビーが好きだったので，大学後半から就職して 2 〜 3 年，女性というものを知るために，年上の女性を含めていろんなタイプの女性を誘って，毎年 1 月 15 日に行われるラグビー日本選手権（国立競技場）を見に行きました．彼女たちとは，食事程度はしましたが，この時に恋人になった女性はいませんでした．しかし，このような経験から，女性に対する理解が深まったと思っています．

結婚問題から世間を知る

　今の妻ではありませんが，就職してから恋人ができました．全く意外なきっかけで予想もしない人でしたが，何故か先方が好きになってくれました．その人とは，最初から結婚はあまり意識していませんでしたので，結局は別れることになりましたが，傷ついたりはしませんでした．しかし，この別れ方は世間というものを知る良い機会になりました．当時両親とは4軒長屋を出て市営団地で3人で暮らしていましたが，私の生い立ちや当時の生活を彼女に話してから，しばらくして彼女に電話した時に，「私はお嬢さん育ちだから，あなたのような境遇の人とは結婚できない」と泣きながら話をされました．その時，世の中とはそんなものなのか，そして結婚は2人だけの問題では済まないことを思い知りました．

美しい容姿と心を兼ね備えた妻

　私はかねがね28歳までに結婚したいと思っていました．そうして20代後半の独身時代を楽しむとともに，子どもも2人以上欲しかったので，この年を節目と考えたのです．ちょうどネパールへの海外勤務も決まっていましたので，海外赴任前に結婚したいと思ったのも1つの理由です．

　そうしたところ，他の大学に行った高校時代の親友が，同じ大学卒でいい人がいるからと紹介してもらったのが，

今の妻です．タイミングが非常に良かったので，付き合いの最初から結婚を意識していました．妻もそのようでした．彼女は父親が厳しい人で，18歳過ぎたら，彼女自身のお金で大学に行かせる方針でしたので，私と同じように奨学金とアルバイトで大学を卒業したのです．

　妻は見た目も綺麗で，「美しい心」をもった女性だと直感しました．ただ，最初はこれまで付き合ってきた女性と違うタイプで，どう付き合っていったらいいか戸惑いました．「美しい心」とは，例えば自分のことを考える前に家族や他人のことを考える，そんな女です．妻にはいろんなものを買ってもらいましたが，例えば子どもができる前の約25年前に買ってもらった机は本当に丈夫で，今もグループホームで使っています．今思い返せば，言葉には出しませんが，妻は私の出世にも結構期待していたのではないかと思います．

彼女を守りたい想いからプロポーズ

　結婚前のエピソードで覚えているのは，独身用の社宅に住んでいた時，日曜日に「手作りの苺ケーキ」を作って持ってきてくれたことです．2人で食べて，帰りに駅まで送っていったことを覚えています．このように妻はサービス精神が旺盛で，人の世話が好きな女なのです．真面目なところも私と同じです．

　妻と付き合った期間は1年もなかったように思います．「好きで好きでたまらない」というよりは，「この女性を傷

つけてはいけない」「私が守ってあげなくてはいけない」という思いがだんだん強くなりプロポーズに至った次第です．繰り返しになりますが，妻が「人に優しく謙虚」，そして「真面目に生きる」女だと感じたことが大きかったでしょうか．ただ一方で，「私と結婚したら随分苦労させることになる」との直感もありました．残念ですが，後者の直感もあたってしまいました．

　ところで，私たちの絆を強めた新婚時代の1つのエピソードを，ここでご紹介したいと思います．それは，学生時代の卒業旅行でインドを旅行し，訪れた世界遺産の1つであるタージマハルをめぐるものです．タージマハルは中世インドのイスラムの大帝国ムガール帝国の皇帝が，39歳で亡くなった王妃のために，大理石で17年かかって造った壮大な「霊廟(れいびょう)」です．最初に訪れたこの時私は，将来の妻をここに連れてきて，私の愛情を形にして示そうと思ったのです．どちらが先に逝くかは分かりませんが，もしも妻が先に逝くようなことになったら，十分な医療と介護を行う気持ちも表したかったのです．大げさですが，これはあるいは運命という

ものなのか，単なる偶然なのか，インドの隣国ネパールに赴任し，2人での旅行でこの「霊廟」を再訪しました．口には出しませんが，妻はこの時，私のこの思いを感じとってくれたと思います．自己満足かも知れませんが，このことを「タージマハルの誓い」と自分では呼んでいます．

命の重みの実感と妻の病気

　結婚して1週間でネパールに赴任しました．海外勤務の経験は全部で2回，その後，6年後に英国に赴任しました．

　1人目の子どもは，ネパールから帰国後に，結婚して4年目に日本で生まれましたが，2人目の子どもはロンドンで生まれました．娘が生まれた時は，月並みな表現ですが「感動」しました．下の娘は，私も出産に立ち会い第一番に抱き上げました．これも月並みな表現になるのですが，「生まれてきてくれてありがとう」という気持ちでいっぱいでした．流産も経験しましたので，それを乗り越え2人の子どもたちが誕生したことは非常に感慨深かったです．

　なお，ロンドンではやはり無理が重なり，妻は「産後うつ病」になってしまいました．そのためロンドン郊外の日本人センターというところに家族みんなで毎週車で通い，妻へのカウンセリングを一緒に受けながら，結婚前の妻の苦労や様々な心情を共有することができました．そこで分かったのは，妻にとって母親が人並み以上に特別で重要な存在であるということです．また，日本に帰ってきてか

ら，私が病気になる前に，予想し得なかったきっかけで，妻は「うつ病」にかかってしまい，比較的短期間に治りましたが，今でも念のため精神科のクリニックに通っています．その時に，十分妻を支援できなかったことを，私は今でも後悔しています．そして，私が発病してしまい，妻が病気を再発させずに，この12年以上を頑張って，私を看病するとともに子どもたちを立派に育ててくれて，本当に感謝しているのです．

悩み多き職場で発病

　病気のきっかけとなった部署ですが，私の所属機関の一部事業における煩雑な事務手続きを外部委託するという組織で，総勢60名以上に上る大所帯でした．この組織を立ち上げるため，41歳でこの委託先に出向し，ただ1人の管理職（室長）として働いたのです．この組織の中で私以外は委託元の仕事を体験したことはないので，仕事を完全には部下に任せきれずにトップ自ら口を出さざるを得ず，とにかく忙しい職場でした．労務管理では，ただ1人の管理職ですので深い孤独を感じながら，職員の人事はもちろん，契約社員の方々の契約更新なども，最終的には1人で判断せざるを得ず，合理化と士気高揚のはざまで悩み多き職場でした．そのため睡眠障害とうつ症状で，この職場で3か月の病気休暇（自宅療養）を取ったのが，一連の病気の始まりでした．

　具体的にいうとアウトソーシングなので，契約社員の

方々に働いてもらっていても，さらに合理化を求められるわけです．委託経費を抑えながらも，一方では契約社員のやる気を高めないといけません．例えば，契約社員の人と契約を延長するかどうかを考えます．辞めてもらった場合にはお金が浮きますが，他の契約社員の方はどう考えるかというと，「自分は今頑張っているが，いずれあんなふうにクビを切られる」というように思うかもしれません．そんなことを考えているうちに，うつ病気味になったのです．

過酷な入院，闘病生活

　３か月間会社を病気休暇した後，仕事が楽な部署に異動させてもらいました．病気にならないように気をつけていましたが，仕事以外でNGO活動や大学院へ挑戦したりして，蓄積していく疲れが自覚できませんでした．そして，２年程してから一気に病状が悪化して，結局，最初に１年半以上の入院生活を送ることになりました．その時の診断は「躁鬱病」でした．

　この最初の入院は非常に過酷で，ひどい時にはベッドに手足を拘束されてオムツをして過ごしました．妻は熱心に看病をしてくれましたが，オムツを買ってくる毎日が続いた時もあり，「こんなになってしまって，元の夫はいったいどこに行ったのだろう？　これからの生活はどうしたらいいのか？」という不安でいっぱいだったと思います．

　しかし，何とか退院でき，その後は所属先の顧問医に主

治医になってもらって，第1回目の復職ができました．その後，2年くらいして再発してしまい，繰り返しになりますが，入院と退院，そして休職と復職（全部で3回）とを繰り返し，現在に至っている次第です．

　2度目の入院は，精神科医になった高校時代の友人からの情報と顧問医の勧めで，電気治療ができる他の病院に入院しました．治療は順調に進んで3か月の入院で済み，退院の後は2か月の自宅療養で2回目の復職を果たしました．しかしその後，同じ病院への2回目の入院では，最初の電気治療は全く効果がなく，不穏状態[注1]が続いたので，主治医が大量の薬物を投与し，その結果，悪性症候群[注2]になってしまいました．そのため即日救急搬送されて，ICUの施設のある病院で1週間程入院したのです．当初意識のない私を見舞うため，妻ももちろん子どもたちも呼ばれるくらいの命の危機がありました．その後，20キロくらい体重が落ちて非常に衰弱してしまい，自分でも立つことができないくらいの時期がありました．看護師さんに体を拭いてもらい，食事もできないので，ゼリー状の栄養剤を飲んで，命をつなぎました．

　その後主治医と妻の判断で，もう一度電気治療（全体で

注1）**不穏状態**
　周囲に対して警戒心が強く，興奮したり暴力を振るったりしやすい状態．

注2）**悪性症候群**
　向精神薬の重篤な副作用．無動，寡黙，意識障害などの症状が現れる．

15回程度)を受けたところ何とか良くなり，退院することができました．しかし，結局事情がありこの病院に通うことも止めました．一旦所属先の顧問医に主治医になってもらい，その後再発した際には，当地埼玉の精神科病院に何回も入院し，都心の電気治療可能な病院と連携してもらいながら，電気治療と薬物治療を併用して治療を受け，現在に至っています．その間新しい主治医の病院と都心の病院を行ったり来たりの状況で，妻には大変な思いと数々の決断をしてもらいました．大変消耗したことでしょう．特に3回も入院を繰り返した2011（平成23）年は，就職活動をしている上の娘と大学受験を控えた下の娘を抱えて，それだけでも神経を使う毎日なのに，私の入院が重なり大きなプレッシャーになったことは間違いありません．

病気に翻弄される家族

　私が病気になってからは綺麗ごとでは済まない，いろいろなことがありました．いくつか例を挙げれば，最初退院した時には電気治療を受けていませんでしたので，「看護婦が薬剤師と組んで自分を殺そうとしている」といった妄想が残っており，妻の首を絞めそうになったり，ベランダから飛び降りそうになったり，地獄と天国という言葉を年中言ったり，下の娘の学校の保護者会に無理に出席しようとしたりということがありました．こんな状態で家族みんなは，正直いって私のことを「気味悪」がりました．同時に家族は私の病気に翻弄され，苦しい思いをしたのです．

病気の前に家族としてみんなそろって平穏な日々が送れたのは，ロンドンから帰ってきてからの5～6年くらいでしょうか．

　既述の通り，家計のことは病気になる前は私が管理していましたが，たて続けの入院で妻が私に代わってお金の管理をしなければならず，私のお小遣いも妻に相談しなければならなくなりました．現在退院後は，妻がお金の勘定が嫌いなこともあり，基本的な部分は私が管理するようになりましたが，それも私が安定しているからです．

　妻は私が病気になってから，私の看病と子どもの面倒もあり，働けませんでした．私が治らないと困るので必死だったわけです．しかし一方で，自宅療養をしている私は妻から見ると「家で遊んでいる」「勝手にパソコン教室などに通っている」と思えるのです．私はできる限り，買い物や掃除などを手伝いましたが，妻はその他の家事や子育てで忙しく，お互いに嫌な気持ちになり，厳しいやり取りもありました．ただ，家から出て行ってくれとは，妻からも子どもたちからも言われませんでした．グループホームに移ったのは，あくまでも私の判断です．

困った時だけ支援する

　妻は以前，週2日程のアルバイトをしていましたが，現在は非常勤で週4日働いており，やりがいのある仕事らしいです．

　勤め始めた最初の頃は，パソコンもあまり使えず，職場

で困っていたようです．今では自分で近くのパソコン教室に通っています．一度壁に突き当たった時には私に電話がかかってきて，妻は「これ以上やっていく自信が無い」と非常に困った様子でした．そこは私がいろいろ話を聴き，自分が過去に勤めていたことで，反面教師にしなければいけないことを話すと，妻は落ち着き何とか壁を乗り越えられたようです．私の言う多くの助言は，これまでやどかりの里の関係者からいただいてきた貴重な助言の繰り返しです．

　子どもたちについても，例えばパソコンが故障し，「あなたのものを貸して欲しい」と言われれば，即飛んでいきパソコンを届けるのです．一方逆に，家族であるから甘えているのだろうと良い解釈をしていますが，私に対しては遠慮なく減らず口をたたきます．私になら許されると思っているのでしょう．私はそれでいいと思っていますし，減らず口には慣れていますので，特にストレスがたまるようなことはありません．

　なお，基本的に妻とは3日とあけずにショートメールでやり取りをしています．こみいった話があれば，電話で話しますし，家には2週間に1度くらい行っています．用事があれば用事を済ませ，用事がなければコーヒーでも飲みながら，家族が話しているところやテレビを見ているところを眺めて帰ります．その感想を妻に電子メールで送ったりもします．顔つきを観れば，大体の様子は分かります．下の娘も含めて，みんな成人した大人ですので，説教じみ

たことなど言わずに，私は控えめに困った時だけ，いくらでも支援するという姿勢で臨むのが良いと思っています．

試行錯誤の末の家族愛

一方，別居で会う機会は限られても，私の生きる姿勢は確実に伝わっていると信じています．現在の家族との関係は，この12年間の試行錯誤の中から築かれてきたものです．別居は正直言って寂しいけれども，妻とともに娘たちは確実に成長しています．私も負けないように成長していきたいです．

娘たちについていえば，上の娘は「必死に働く母親」の姿を見ながら「絶対就職しなければならない」と，これもまた必死に就職活動に取り組み，たった1つの内定をとり無事に就職できました．さらに，初給料日には義母，義弟を含めて家族みんなに食事をご馳走してくれました．ささやかですが，妻と下の娘に素敵なプレゼントもしてくれました．

下の娘については，やはり家の事情から「浪人は絶対できない」との強い思いがあり，必死に勉強し，すべての受験校に合格するという結果を出してくれました．そして，大学1～2年生のうちは「青春を謳歌する」そうで，アルバイトでお金を貯め，ヨーロッパと北海道に旅行に行ってきました．

2人とも「ババ」(娘たちは義母のことをこう呼びます)のところへもよく顔をだして，ババの話を聴いてくれま

す．親ばかですが，優しくて頑張り屋な女性に育ってくれました．なお，これまでは，娘たちは私に対し「うざい」との一言で済ませ，近づくことはありませんでしたが，私が安定しているせいか，大人になったのか，分かりませんが，最近では会話が成り立つようになりました．これも嬉しい変化です．

そこで，さらにフォローしなければならないのは，私たち夫婦の親でただ1人存命な「ババ」，義理の母です．現在86歳です．妻にとって大事な存在であることは，ロンドンでのカウンセリングで証明されています．

義母のためなのはもちろん，間接的に妻のためにも，私は出しゃばらない範囲で，できることは何でもしようと思っています．例えば，義母の居住地の地域包括支援センターに出向いて，介護保険の資料を入手するとともに，キーパーソンに会って，行政との橋渡しなどをしました．

なお，義母は私に対し，妻のことを「娘はあなたと結婚し，かわいい孫たちも生まれ，私の子どもたちの中（妻は3人の兄弟姉妹のうちの次女）では，一番幸せになってくれた」，しかし同時に「あなたの病気で，娘は大変な苦労をすることになってしまった」と思っており，妻が不憫でならないのです．また，妻は最近まで口にはしませんでしたが，「あなたが病気にならなかったら，お母さんの老後には，私は自宅に引き取り介護するつもりでいた」と私に話すのです．2人には申し訳ない気持ちでいっぱいですが，この義母の気持ちと妻の気持ちの両方に応えられるよ

うに，私なりに努力していきたいと思っています．

　そして義母と妻からは，義母と同居している義弟のフォローも頼まれています．義弟は登山が趣味ですので，その話を聴いてやるのが主な仕事になっていますが，将来どのような関係を築いていったらいいかはまだ分かりません．今はともかく，私は無理をしない範囲でできる限り訪れて話を聴きたいと思っています．

　義母や妻が義弟の話を聴いてやればいいのではないかと思われるかもしれませんが，皆さんご承知の通り，血のつながりがあるが故に逆に素直に話を聴くのが難しいのです．そこで，私の出番となるわけです．（しかし，人間は話を聴くより話をするほうが好きであり，私も例外ではありません．そこで，これら親族の話を聴く代わりに，やどかりの里の関係者の方々と面談する際には，私は話しまくるのです）

　こうした新しい家族関係の中で，私が病気になってからも，それぞれの立場で個々の役割を果たすように家族みんなが努力してきたと信じています．この4年間は別居生活になりましたが，一緒に住めないからこその「家族愛」も生まれてきているように感じています．

父親としての役割

　これまで，試行錯誤の中で「新しい家族関係」を築いてきたと申し上げましたが，改めて父親の役割を考えてみると，子どもたちが小さい時には，あふれる愛情を注ぎ，

甘えさせ、やりたいことをやらせて、ほめてやり、一緒に遊んでやるのが父親の役割だったと思います。例えば、下の娘を幼稚園の時に近くの「バレー教室」に見学に連れて行き、習いたいというので、小学校高学年まで通わせました。そして、健康管理や躾は母親の役割だったと思います。思春期には父親は「うざい」「キモイ」という存在で、母親との関係を良好に保ち、黙って働く姿、病気になっても前向きに生きる姿を見せていれば良かったのだと思います。娘たちが成人した時には、例えば、上の娘は厳しい就職活動を経験して私を見直してくれました。その通りこれからが本当の父親の出番です。長い社会人としての経験、一家を支える大黒柱としての経験、大変な病気をした経験等により助言することができると思います。実際、既述の通り妻が職場で壁にぶつかった時に、効果的な助言ができたのは嬉しいことでした。

　そこで、今まで病気の引け目もあって、これまで何も娘たちには言ってきませんでしたが、これからは、然るべき助言をしていきたいと思います。上の娘には「誇りをもって仕事をしなさい」、下の娘には「目標があるなら、毅然とした態度でやりぬきなさい」と具体的進路も含めて助言しています。メールの返事はありませんが、これらの助言は、2人の娘の心に残っていると信じています。

「絶望せず」に「病気から学ぼう」

　ここで，家族を代表して，妻が私の入院中にどのように支えてくれたか，いくつかの手紙をご紹介したいと思います．子どもたちからの手紙もありますが，それは割愛します．もちろん病人を励ます手紙ですので，良いことしか書いていませんが，これらの手紙によって，私は結婚前に直感した妻の本質を感じるのです．この手紙の引用によって，私の感じる家族愛の在り方をご理解いただきたいと思います．

　「うちの中の全てのものは，みんなパパに買ってもらったものです．全てのものやことにパパの恩を感じないものはありません．ありがとう．感謝の気持ちでいっぱいです．いつも優しく，穏やかで，何でも許してくれるパパの人柄をとても尊敬しています」

　次の手紙は「パンドラの箱」に関する哲学書（太宰治「パンドラの匣」）からの引用でした．

　「それはもう大昔からきまっているのだ．人間には絶望ということはあり得ない．人間はしばしば希望に欺かれるが，しかしまた『絶望』という観念にも同様に欺かれる事がある．人間はどん底に突き落とされ，転げまわりながらも，いつかしら一縷（いちる）の希望の糸を手探りで探し当てるものだ．それはもうパンドラの箱以来，オリンポスの神々によっても規定せられている事実だ」

　「パパは，素晴らしい人だから自分にも難しい試練＝病を課題にして，今学んでいるんだね．難しくて苦しいけ

ど，パパなら必ずできます．良い方向に進んでいます．そして，お祈りも忘れずに．私も常に祈っています」

そして最後に，妻が親友から紹介された本を引用しつつ書いてくれたメッセージを紹介します．

「『思い通りにならない人生をいかに正しく苦悩しながら生き，普段は思い通りにならないからこそ，時折出会う願いがかなうという喜びを如何に正しく味わって感謝するかということを，日々の人間生活の中に学んでいるのではないでしょうか』ということです．パパも私も，本当に『思いどうりにならない日々』を生きているね．私はパパから学ばせてもらってとても感謝していますよ」

妻からのメッセージは，終始一貫「絶望せず」に「病気から学ぼう」ということでした．ですから，私は妻に対する直感を今でも信じていますし，苦しくて，寂しい時もありますが，この妻からのメッセージを常に忘れずに生きていきたいと思っています．

出会い　結婚　子育て

和田　公一・千珠子

共にこの道をゆく
あきらめなければ人生は動く

和田　公一

不安で反復行為……

　私は1968（昭和43）年生まれの45歳になります．神奈川県横浜市出身で，現在の病名は統合失調症です．昔は強迫性障害，神経症がいつの間にか統合失調症に変わっていた，というような感じでしょうかね．
　今思えば，子どもの頃から症状らしきものは，あったなと思いますが，生活に支障が出て，自分が病気だと認識をしたのは17歳の時でした．高校の授業で，レポートを書く宿題が出されて，レポート用紙に文字を書くんだけれど，書き出しの1文字が気に入らなくて，次のページをめくって，また1文字書く．そんなことを繰り返しているうちに，レポート用紙を全部使ってしまったことがあったんです．それでもレポートは書き上げたんですが，自分でもちょっとおかしいなと思って，本屋で，当時講談社から刊

行されたムンクの叫びが表紙の宮城音弥著『ノイローゼ』の新書を立ち読みして，強迫神経症の項目で，不安で反復行為を何度も行うと書いてあり，「ああ，俺これだ」と思いました．

苦手を克服するために福祉の仕事を

　実家はとても狭くて，古い長屋で平屋の市営住宅でした．両親と３つ年上の姉と暮らしていました．自分の部屋はなく，若い頃から家から出たいという思いがあり，19歳で家を出ました．私は，自分の病気の具体的な姿を見せる前に，親から離れました．そのせいか，母親は今でも自分の息子に精神の病気があるとは思っていないようです．

　親から離れてから私は，社会福祉系の専門学校に通いながら，障害のある子どもと，障害のない子どもがいっしょにすごす統合保育園で，住み込みで働いていました．私は，基本的に人が苦手で，福祉の仕事は人と向き合う仕事だから，自分の苦手なところを克服できるのでは，という思いがあったのです．

　強迫性障害の症状はこの頃以前よりゴロゴロと出ていて，例えば，自分の不幸とか倫理的に良くないことを歩きながら考えたりすると，その考えをリセットするために，考え始めた場所まで後戻りしてしまうのです．この頃は，そんなことがだいぶあったと思います．それでも，何とか乗り越えられていました．

結婚, 天職とも思える仕事も得た

　私が18歳の時に, 同じ福祉系の学校に通う女性と付き合うようになりました. 付き合っていく中で, 病気のことも話す必要があると思い, 自分の症状のことも話しました. この時は症状が出ても何とかなっていたので, 彼女も特に気にしていない様子でした. 私は横須賀で学校に通いながら保育園で働き, 彼女は藤沢に住んでいたので, なかなか会えない日々が続き, 結婚するには, サラリーマンになるのが一番いいのかなと思って, 保育園を辞めたのです.

　保育園を辞めて仕事を探している時に, 求人雑誌に補聴器の会社の求人情報が載っていました. 難聴の方が相手の仕事なので, 福祉とも関係があるかなと思い, 21歳の時に就職しました. 3年ほど働いて結婚資金も用意でき, 5年ほど付き合って23歳の時に結婚して, 26歳で長男を授かりました.

　病院を回って医師への営業が主な仕事でした. 補聴器を作るために患者さんの検査をし, その人の難聴の特性や性格にも合わせて補聴器を作るのです. クリエイティブでやりがいもあり, 天職だと思っていました. 一方で毎月ノルマに追われる生活でもありました. 症状が出る時もあって, 例えば, 書き直しをせずにいられないという症状が出て, 何枚も何枚も領収書を書き直すことがありました. 同じミスをしないために事前に領収書を書いておくなど, い

ろいろと工夫をして，病気をしのぎながらサラリーマンの生活を行っていました．しかし，若かった私は営業マンとしてノルマを追う自分に納得ができず3年半で補聴器の会社を退職しました．

地軸が定まらない苦悩の日々

　退職後，老人ホームで1年ほど働きましたが，腰を痛めたのと，自分で勝手にお年寄りに対して常に優しくなければいけないと思い込み，疲れ果て，妻とも相談して辞めることにしました．辞めてほっとしていたところ，妊娠がわかったのです．ハローワークで仕事を探し薬品会社で働きましたが，営業で採用されたのに倉庫に回され，上司ともそりが合いませんでしたが，生活のために仕事を続けました．辛かったのか，精神科受診も頭をよぎりましたが，楽になれる薬はないかと市販の頭痛薬を試しに飲んだこともあります．しかし，まったく効果はなく，頭痛薬は体の痛みには効くけれど，心の痛みには効かないと学びました（笑）．

　補聴器の会社を退職後も上司とはずっと年賀状のやりとりをしていました．年賀状に当時は良かったと書いたら，私の現状を察したのか電話がかかってきて，良かったら戻っておいでと言われ，補聴器の会社に再雇用されました．

順調な出世，しかし病状悪化

　再雇用された恩を返そうと高い補聴器を売りまくり，やっぱりこの仕事が自分に向いていたのだなと認識しました．会社は実力主義だったので，営業成績が良かった私は，主任，所長，東京本社の課長と順調に出世していったのです．

　そういった絶頂期の中のある日，我が家（社宅のマンション）の窓から手入れをされたきれいな緑の芝生を見ていて，ふっと「このままでは終わらない」「このまますんなり進まない」「今後何かあるのでは」というような漠然とした不安な気持ちが何故か湧き上がってきたことを憶えています．

　28歳の時には症状が激しくなり，丸の内にあるメンタルクリニックに通うようになりました．管理職になっていましたが，会社には症状のことなど一切伝えませんでした．

　症状があっても10年間働くことができたのは，営業の仕事は1人で外回りができるからだったと思います．症状である後戻りをしても会社の人に見られることもないし，営業のノルマさえ達成していれば他に何をしていようがいいようなところがあって，私は常に営業の結果を出していたので，勤められたのだと思います．

退職，そして最初の妻との別れ

　私は当時神奈川県相模原市に住んでいて，自宅から会社まで3時間くらいかけて通勤していました．管理職になって，自分より年上の部下がいたり，仕事の重圧などでストレスがかかりすぎて，33歳頃にはもうくたくたになったのです．ある日突然布団から起き上がれなくなりました．それでも1年間ぐらい休職して，職場復帰をしようと思っていました．当時の私は，「お金を稼いで，家族を養うことが人生である」と思っていたからです．

　1年間休職し，一度は復帰しましたが，仕事を続けることができず退職しました．それとほぼ同時期に10年間の結婚生活にピリオドを打つことになりました．最初の妻と別れた時，私は33歳で，息子は小学3年生だったと思います．その息子も今年（2014年）の7月で20歳になります．小学校6年生まではよく会っていましたが，2年間ぐらい音信不通の時期もあり親としてせつなかったです．

今までとは違う生き方をしよう

　2008（平成20）年の頃，声変わりをした息子から電話がかかってきました．現在は年に2，3回ぐらい会っています．息子は父が金髪であることにひじょうに興味を持ったらしく，なぜ俺の親父は金髪なのか，どういう生き方をしているんだ，ということが知りたいようです．

　私は，金髪に対してのこだわりが確かにあるのです．

2006（平成18）年頃から金髪にしたのです．会社員の時は，髪の毛の長さから分け方まで指示され，そういう世界から離れた反動だったと思います．精神障害者は，偏見をもたれるといわれますが，私の場合，その前に，金髪にしていることで，まず，偏見をもたれます（笑）．金髪姿に惑わされずに，人との関係を続けて，どこまで自分が認められる社会なのかを確認したかったのです．金髪にした動機も，今までとは違う自分の生き方をしていこうという，決意表明でもあったと思います．

死ぬことばかり考えていた2年間

　最初の妻と別れてからその後，少々の女性遍歴はありましたが（笑），その当時約2年間「孤立」していた人生の季節がありました．また，私はとことん就労にこだわりました．当事者の友だちもいなかったし，会社員の時の貯金を崩しながら生活していました．この時はまだ，生活保護で暮らすという発想は誰も教えてくれなかったし，思いつきもしませんでした．

　日々生活するだけでくたくたになっていて，履歴書を書くのも手が震えて（薬の副作用だと思う）辛いし，景気も

悪く不採用の連続でした．せっかく就労できても２，３日で辞めてしまう，そういうことの繰り返しが２年間続きました．徐々に健康な友だちや元の同僚とも疎遠になり，孤立していったのです．元旦にポストを開けても年賀状が１枚も入ってないような状況で，２年間，私は死ぬことばっかり考えていました．切腹を試みましたが，手が切れないやさしい包丁だったのでお腹がまず裂けなくて失敗．また，手首を切ったんだけど，安全かみそりだったので死ねない．＜安全かみそりはやはり安全だった（笑）＞じゃあ首を吊るかとなり，片足はずすだけでもかなり苦しくて，両足離す勇気は私にはなくて，生きのびてしまった……

　こうなると頼れるのは親しかいないと思い，実家に行き一晩泊めてもらえないかと懇願しました．親としては心配だし不安もあって，本心で言ったかわかりませんが，「お前が来ると気持ちが暗くなる．だから泊まらせることはできない」と父親から言われました．この言葉を聞き，もう実家には期待はできない，これからは実家とは接点をもたないほうがいいと思い，絶縁状態になりました．

家族との再会

　父親は一昨年（2012年）に亡くなりました．亡くなる少し前に私が所属している「ほっとぽっと」[注1]の文化事業で，私が企画した展覧会が「神奈川新聞」で報道されました．そこに私も写真入りで載って，それを見た両親が様子を見に来たことがありました．絶縁状態になっていても，

息子のことは気になっていたんでしょうね.
　父親が亡くなった今でもあまり関係は変わらず,母親からの連絡はありません.父親が倒れた時も母からではなく姉から非通知の電話で知らされました.姉も精神病の自分とどう接していいのかわからず,私が家を出てから関係はほとんどありませんでした.だから非通知で電話をかけてきたのだと思います.今では姉の携帯電話の番号を教えてもらい,いつでも連絡できるようになりました.まあかかってくることはありませんが……

36歳の転機,当事者の友だちができた

　主治医から「生活リズムも崩れてきているからデイケアに通ってみたら」と言われ,デイケアに通うことになりました.36歳で初めてデイケアに行き,風船バレーや卓球,公園を散歩したりして,「俺36歳で何やってんだあ,これでいいのか」と思いました.
　デイケアに通うようになって,初めて当事者の友だちができました.友だちに「どういう人生をこれから考えてるの」って聞くと,ほとんどの友だちが「デイケアに通って,体調が安定したら作業所に行って,一般就労するんだ」と言うんです.だけど私の場合,病気のことを隠して働いて

注1)ほっとぽっと
　精神障害者地域生活支援拠点で,心の病をもつ方たちがそれぞれ自分らしく安心して暮らせるようにサポートする活動を展開.

きた辛さや，退職後の孤立の苦しさが体に染み付いているので，何で体調を戻してまたあの苦しい世界へ戻っていく必要があるのか，その矛盾の整理ができませんでした．デイケアに通うことで，生活保護についての情報が入り，生活保護を受けるようになりました．生活費が底をつくという不安は解消されていたこともあり，一般就労に戻ることに必然性を感じることができず，これからの人生に迷っていました．

私のビジョンが開けた

　デイケアに通うようになって3か月目ぐらいの時に，私が住んでいる横浜市旭区で精神保健福祉セミナーが開催されました．障害者自立支援法（以下，自立支援法）が施行される年（2006年）で，私はデイケアのプログラムの一環として参加しました．

　最初は当事者の体験発表があって，みんな苦労してるなとか思ったぐらいで，それほど感動することもありませんでした．午後に増田一世さん（公益社団法人やどかりの里やどかり情報館館長）の基調講演があって，自立支援法の話をしていてすごく怒っていたんですね．聞いてるうちにすごい感動しちゃって，長年しいたげられてきた精神障害のある人たちの霊魂が背中にザーッと入ってくるようなイメージでした．私はそれが憑依したと思って，もうこれしかない，この生き方だと思って興奮してしまいました．

　みんなにはクールダウンしてから帰るから先帰ってて

と言って，鶴ヶ峰の駅前で怪しい金髪をした中年が何時間もしゃがんで煙草を吸いながら，感動したことを整理していったんです．その時に私が考えたことは，「社会とつながるということは就労するだけじゃないんだ．例えば，やどかりの里[注2)]のような活動を通しての社会との関わり方もあるんだな」ということです．それを知って，私のビジョンが開けました．

妻との宿命的な出会い

　旭区精神保健福祉セミナーがあったのが2006（平成18）年2月で，3月に精神障害者の自立と支援というテーマのフォーラムがあることを知って，勉強だと思って行きました．そこで，その後結婚することになる彼女との宿命的な出会いがありました．彼女は誰かと間違って私に声をかけたようでした．「間違いました，すいません」と言ったので，私は「これもご縁ですから」と言いました．しばらくして何か変なことを言ったなと，何のご縁だろうと思いながら正直病気が重そうな人だな，というのが第一印象でした．

　すぐさま彼女からメール交換して下さいと言われ，言われるがままにメールアドレスの交換をしました．メールを

注2) やどかりの里
　精神障害のある人たちが，地域の中で生き生きと暮らし，働くことを目的に設立された民間の公益社団法人．

交換してから家に帰るまでの短い時間に7件くらいメールが届いて，えらい人にメールアドレスを教えちゃったなと思いました．それでも2日後ぐらいにはデートをしていました．

私には人を好きになる基準があって，嘘をつく人はものすごく駄目で，彼女は家にいた期間が長かったこともあって，社会経験が乏しくやることも破天荒で，正直圧倒されるんですが，人間的に素直ですごく魅力的だったんです．

同棲をする覚悟を決めた

出会ってから約3週間経った日，私の1Kのアパートに，いきなり彼女の荷物が送られてきました．私は両親と断絶しているけれど，彼女のお母さん，お兄さんはすごく心配しているだろうと思い，どうしたらいいのか困ってしまいました．そんな時彼女から，信頼している民生委員の人（彼女を応援してくれている高齢の男性）に会って欲しいと言われました．その民生委員さんに会ったところ，その人が彼女に，「千珠子行くのか」と聞くと，彼女は「うん」とうなずくのです．その言葉を聞きその人は，私を呼んで，「千珠子を連れて帰れ」と言うではありませんか．私は彼女の兄から「今度千珠子を家出させたら警察に通報するぞ」と言われていました．そのことを民生委員の人に言うと，「お前が怒られればいいんだ」と言うのです（笑）．

私は，念のために警察に状況を話し，「捕まることはあるのですか」と聞いたところ，「それはありません」とい

う答えが返ってきました．

反対を押し切り娘を出産

　そんな状況にもかかわらず彼女は妊娠しました．私は子どもができたことに対して，男として妻のいる前で動揺するのは良くないと思い，素直に良かったと喜んでいました．しかし，心の中では，これから先どういう人生の展開になるんだろうと思っていました．

　「千珠子さんに子どもを育てられるのか」「当事者同士で大丈夫なのか」とみんなに反対されました．デイケアのスタッフからは，「現実的な選択をしてください」と言われました．医師との話し合いの中で提案されたのは，「乳児院に預けるか，おろすかの二者選択しかない」かのように言われました．今だと他にも方法があったと思うんですけれど，当時は精神障害者同士で，しかも両方の両親とも応援していないので，そう言われても仕方なかったのかもしれません．

　妻の兄からは夜中に呼び出されたり，おろせなくなる22週目まで何度もおろすように説得され，罵声を浴びせられたこともありました．孤立無援の状態でしたが，めげずにみんなの反対を押し切り出産し，娘を授かりました．子どもをおろすことは殺すことであり，どういった形でも子どもは産ませたいと思ったし，当時，彼女が入院していた精神科病棟の看護師さんのように私を励まし応援してくれる人が徐々に増えていったので，頑張れました．

2歳3か月で戻ってきた娘

　しかし，病院側からすると両方の両親の支援なしに子どもを渡すことはできないと判断し，乳児院に預けることになってしまいました．

　病院から乳児院に向かうタクシーの中で，児童相談所のベテランの相談員から，「早く子どもを返してと言わないでほしい」と言われました．私は子どもを預けた帰りに「絶対に取り戻してやる」と夕日に向かって誓い，心が吠えました．

　私たち夫婦は乳児院から与えられたプログラムを必死でこなし，娘は2歳3か月で私たちの元に帰ってきました．さんざん子どもを産むことに反対していた妻の母や兄は，今では美珠（みたま）のことが可愛くて，可愛くてしょうがないらしく，何でも買ってしまいます．義兄は実家のベランダにブランコを作ってしまいました．

隠さない生き方

　私たち夫婦の影響で，娘が発症するきっかけを極力つくりたくないと思って，娘に対して病気はオープンにしてきました．別に恥じることでもないし，親が隠すことは逆に言えば自分を否定していることになるわけです．だから逐次これはお父さんの症状，これはお母さんの症状というように娘に伝えています．娘も7歳になりわかってきたのか，お母さんの症状が出ている様子を見て，私のところに

「今なっているね」と言いに来ます．そんな姿に小っちゃいくせによくわかっているなと感心させられます．常々娘には「お父さんもお母さんも精神障害者だけど，プライドを持って生きているから，お前も胸をはって生きるんだよ」と伝えています．

　お互い障害を抱えているので，子育ても家事もどちらかに負荷がかかると辛くなるので，お互いに協力しながら，その時の状態でできるほうがやるようにしています．

　精神障害のある者同士が結婚し，子育てをしていく上で，地域の人との関わりはとても大事だと感じます．私たち家族は近所の人にも病気を明かしてるんです．1Kのアパートから今の2DKのアパートに引っ越して来た時に，すぐ自治会長さんに挨拶に行き，私たちが精神障害者であることを話しました．精神障害者だからといって，暴れるわけではないですよ（笑），というようなことを話したら，自治会長さんもわかってくれたようでした．地域でうまくやっていくコツは「挨拶」と「ゴミの分別」をしっかりやることが大切だと常々思っています．

障害者も健康な人も対等

　私は,「ほっとぽっと」で活動を始めてからいろいろなことを学びました.「ほっとぽっと」で当事者活動をする上で, まず考えたのが健康な人と自分との比較でした. 私は, 子どもがまだ保育園に通っていた頃, 朝保育園に連れて行くのに電車に乗ります. 右のホームでは急行電車にサラリーマンの人たちが, ぎゅうぎゅう詰めで, 駅員に押し込まれてラッシュアワーの真っ只中……会社員時代の私がそこにいるわけなんです. でも, 当時の私は, 左側の空いている各駅停車の電車に座って娘を保育園に通わせていました. 健康な人と障害をもっている私, 人によってさまざま意見はあっていいと思うのですけど, 損得だけを考えると, 意外と障害をもってる私と, 健康な人は同等じゃないかと思っています.

　もう1つ, 例えば当事者みんな資質が違うように, 健康な人も資質が違います. だから自分の資質を生かせるか殺すかという自ら行う生き方のコーディネートというテーマにおいては, すべての人間は対等ではないかと私は何年か前に気がついて, 講演がある時には必ずこのことを話します.

恋愛はどんどんしてほしい

　今は,「ほっとぽっと」での活動や講演活動の他に何か新しいことをしたいと思い, 通信制の大学で福祉の勉強を

しています．資格を取ったとしても，今やっていることを続けていけたらなと思っています．継続してやっていくことはたいへんで，意味のあることだと私は思っているからです．

今までの活動から，私は自分で納得した生き方をしている人のことを，新しい自立をした人であるという思いにいたりました．自分の生き方に納得するということはたいへんなことです．まだまだ勉強不足なので，いろいろな経験をしながら成長していきたいと思っています．

恋愛にせよ，結婚にせよ，うまくいかないこともあるけれど，心が揺れる経験は無駄じゃないと思います．私は人生に無駄な経験はないと思っていて，結果はどうなるかわからないし，しんどいことはあるかもしれないけれど，恋愛はどんどんしたほうがいいと思います．でも，最後は自分で決めて，責任も自分で取るという気構えも必要だと思います．最初から諦めてしまうのはすごくもったいないと思います．

将来当事者で子育てする人たちが増えていったら，子育てをする自助グループの会を作って，思いを共有したり若い当事者カップルに正しい情報を伝えることもひとつの使命かなと考えています．

共にこの道をゆく

妻は私と同様に，精神保健分野の活動家である（講演活動など）という側面があります．そういう意味では，千珠

子さんは，私にとっては妻であり，娘にとっては母であるわけですが，私と志（こころざし）を共有する「同士の関係」とも言えます．2人で情熱をもってこの社会に向けて，より精神障害者が生きやすくなるための発信を続けていることが，我々の絆をより深めているようにも思えます．これからも社会に向けて大暴れする夫婦でありたいと思います．

たった一度の人生だもの

障害があっても子どもを産み育てることもできる

和田千珠子

将来への不安から発症

　神奈川病院デイケアウエストに所属する和田千珠子です．鶴ヶ峰の旭区地域生活支援拠点「ほっとぽっと」という心に病をもつ人々の居場所で，ピアスタッフもしています．ピアスタッフとは，私たちの拠点「ほっとぽっと」をより良くするために，病気をもちつつ有償ボランティアとして，雑務をこなし働いている者のことです．
　私は1967（昭和42）年1月生まれ，今47歳です．3人兄弟の末っ子の長女です．長兄とは9歳違い，次兄とは5歳違いです．
　21歳の大学4年生の直前に，将来への漠然とした不安から統合失調症を発症しました．ある朝，目が覚めると本棚の背表紙の文字に襲われるという幻覚を見ました．1年休学したのち，115枚の卒業論文を書いて卒業しました．頭は壊れなかったんだと思いました．

病気を隠さず生きると決心

29歳の時，初めての入院をしました．その時，とんでもない女医と遭遇しました．友だちに電話をしたら，見舞いに来てくれるということになり，主治医の女医にそのことを伝えました．すると，

「ここをどこだと思っている，天下の精神病院だぞ．おまえみたいな精神異常者が普通の人と話ができるとでも思っているのくわ！」と言われてしまいました．あまりにも悔しくて私はその時「退院したら病気を隠さず生きてやる」と決心したのです．

退院したのは30歳の誕生日で，まだ薬の量もかなり多く30歳代前半は家に居ておとなしくしていました．36歳くらいから動き出し，2005（平成17）年の頃から外に出ては，具合を壊して帰ってくるようなことが度々あり長兄から「家にいろ」と言われるようになりました．薬は母が管理していました．24歳の時に大量服薬事件を起こしたからです．具合が悪くなりかけた時，頓服薬を頼むと「また具合悪いの」といやな顔をされました．

それからしばらくして，高齢者，障害者，一般の人たちが語り合う区役所主催の福祉の夜の会議にたまたま参加しました．障害者であることをいっさい隠さず，自分の思ったことを言ったところ，身体障害のある人から「あなたすごくいいことを言うしおもしろい」と褒められ，その人から，「障害者と防災」というプロジェクトチームに誘

われました．このことが自信になり，活動にのめり込むようになっていきました．精神保健や福祉のフォーラムがあると聞くと，電話で問い合わせをしたりして参加し，そんなことなどを10年間1人でやっていました．

交通事故のような彼との出会い

2006（平成18）年3月，彼と出会いました．これがまるで交通事故のような出会いでした．あるフォーラムで，私が知人と間違えて声をかけたのが彼でした．人違いだとわかった瞬間，彼の笑顔がまぶしくて，私の一方的な一目惚れでした．これまで恋愛もかなりしましたが，幸せと思える恋愛をしたことがありませんでした．

私の当時の精神科の主治医は，精神障害者の恋愛は茶のみ友だちで我慢しろというタイプで，同病の異性との付き合いには反対でした．仲を引き裂かれて入院させられると思い，ひとり暮らしをしている彼のアパートに逃げ込みました．私の幸せは彼といっしょにいることだと思ったのです．彼は「俺は誘拐犯じゃないから」と私の実家に電話をし，自宅を教えました．長兄が車で追いかけて来てインターホンごしに彼と大喧嘩になりました．19歳で自立していた彼が「48歳になっても母ちゃんのマンマ食べてるようなやつに，俺の気持ちはわからねえ」と言ったところ，その言葉にショックを受けて，長兄は私の薬だけを置いてすごすごと家に帰っていきました．長兄にしてみれば大学を卒業後，こんな稼ぎでは妻子を養えないと一所懸命

に仕事をして，2つの会社の社長になって「そろそろ結婚してもいいかな」と思って周りを見ると，たくさんいた自分の周りの独身のきらびやかな女性たちが，まったくいなくなってしまって「がーん」と思ったという事情があったのですが，そこを彼に突かれました．

　この辺りから，母と長兄が，私にとって敵となっていくのです．次兄は家を出て自分の家庭もあったので，こんなことになっているとは知らなかったと思います．

自由と夫と子ども……

　私は，鳥籠の鳥だったんです．彼という自由の翼を手に入れて，籠から飛び出したのです．今だったら，母と長兄が私のためにやってくれたのだとわかりますが，長兄は，恋人を取られた男のように，怒り狂っていました．私が12歳の時に父を自殺で亡くして以来，長兄は父親代わりでした．長兄としては，生活保護の男に大事な妹をやれるかという思いがかなりあったんだと思います．

　母は，私というお荷物がなくなり，磯子区の老人会の旅行に行っては，水を得た魚のように，人生を楽しんでいます．

　私は彼に図々しくも「幸せにしてあげるから結婚してください」みたいなプロポーズはしないで，「たいへんな人生，あなたと一緒だったら切り抜けていけるから」みたいな言い方をして欲しいと言ったことがありました．そんなリクエストを受けた彼から，「いつまでも愛してます．い

つまでも君を待ってます．2人で努力して一緒に幸せになろう．君と一緒だったらどんな人生の困難でも生き抜けるから一緒になろう」とメールでプロポーズされました．私にとって100点満点のプロポーズでした．

実は計算では出会って10日でもうお腹の中には娘がいたという超促成栽培でした．でも，人の人生と愛の形は人それぞれで，子どもができたからこんなに早く結婚することができました．この時妊娠していなかったら今でも結婚していないと思います．私の家族が大反対していたからです．

私が妊娠に気づいたのは5週目．妊娠判定薬でくっきり陽性反応が出ました．5週目というのはエコーで見てもまだ赤ちゃんの姿はなくて，赤ちゃんが子宮で暮らす部屋である産室というのがあって，そこが5ミリぐらいの大きさで丸く黒く映っていたんです．「喜んでいいんですね」と飛び込んだ産婦人科で言われ，精神科と産婦人科の両方ある病院がいいということで，私の母校の横浜市立大学附属センター病院産婦人科への紹介状を書いてもらいました．

横浜市立大学病院精神科への紹介状を書くはずの精神科の主治医を，最後の通院の時に怒らせてしまい，「小生を罵倒した」とか，「ほとほと困り」とか診断書に書かれてしまいその診断書を読んだ横浜市立大学の医師がいったいどんな患者が来るのか，ものすごくビクビクしていたのが印象的でした．

私たち夫婦は揃って統合失調症なので，妊娠がわかった

時は周り中からおろせと言われました．出産しても一目も見られないで里親に渡されてしまうとか，母や長兄からも育児はたいへんだからやめたほうがいいよと猫なで声で言われました．でも私は，お腹の中の命を殺したくないという思いから，ガンとして言うことを聞きませんでした．

　精神障害者が出産するのは，そんなに異常なことですか．こんな統計はないと思いますが，精神障害の女性たちは，身ごもった子どもをおろせと何人が言われたでしょうか．家族や医師，周り中からおろせと言われて泣く泣くおろした女性たちは何人いたでしょうか？　おそらくたいへんな数だと思います．

母と長兄に強制入院させられた

　2006（平成18）年7月，彼が疲れていて1人でノコノコ，横浜市立大学附属病院に行ったら，母と長兄が待ち構えていて，閉鎖病棟に強制入院をさせられました．長兄が彼に「千珠子を入院させた，ざまあみろ」という内容の電話をかけてきて，慌てて彼は病院に電話し，翌日面会に来ました．面会は，1回10分，週3回で，見張り付きなんです．

　離れ離れになった恋人たちの再会なのに，ろくにKissもできないじゃんと，まあこれは半分冗談ですが……

　10月に退院し，その時に入籍しました．医師からは，出産の緊張で，隣の部屋で待つ彼が暴れるとたいへんなので，立会いは諦めてくれと彼の主治医でもないのに言われ

ました．はっきり言って偏見です．戦った結果，立会い出産の権利を勝ち取りました．

　私は赤ちゃんに影響の出ない薬を出してもらっていて，その時の状況をはっきりとは覚えていないんですが，通常飲んでいる薬から赤ちゃんに影響の出ない薬に変えた日の夜中に半狂乱になり，夫が一晩中ずっと抱きしめてくれていました．今でもその薬を飲み続けていますが，出会った頃よりも落ち着いていると夫からは言われます．

　出産予定日の前後2週間，出産のための入院をさせられました．入院の翌日に早朝破水し，私は母子医療センターに送られました．彼は何も知らずに，普段通りに15時に来て，看護師から「知らないんですか」と言われて，キョトン．慌てて私のところに来ました．1時間ほどゆっくり話をしました．

　陣痛のことを鼻からスイカが出るくらい痛いという表現をする人がいますが，私は，まだイチゴくらいだと思っていたらピークを越えていました．私は，もともと痛みに強かったので，生理痛の100万倍も痛いような陣痛を乗り越えることができました．助産師さんが，「おかしいな，痛いはずなのに」と呟いていたのを，彼が聞いていました．私はりんとしてベッドの上に座っていたのです．「今晩の夕食は，何？」という一言を残して，私は分娩室へ，ひょこひょこと行きました．そして40分後の17時01分3,114gの美珠(みたま)誕生．

　赤ちゃんがお腹にいる間，お母さんの体は守られるよう

になっていて，発作の「アヒル状態」になることはまったくなかったのです．

私の心の中のアヒル

「アヒル状態」とは，はたから見ていると，私がぼーっとしているようにしか見えない．つまりアヒルが水に浮かんでいるだけなのに，私の心の中は大嵐で，誰かに助けを求めていて，心細いのです．アヒルが沈まないように水面下で足を掻きまくっている状態に似ていることから，アヒルと命名しました．それに，発作の薬というより，アヒルの頓服薬といったほうが笑えるでしょう．

以前，夫となる彼が，「ほおらまたアヒルだ」「ほおらまたアヒルだ」と私のアヒルをからかったので怒ると，「違うよアヒルの『ほおら』だよ」とごまかし，私のアヒルは，「ほおら」という名前になりました．幻覚ではないので，アヒルが見えるわけではありません．レベル1はちびアヒルがぴょこぴょこしていて，仕事に集中できず，レベル3はでかアヒルがドーンと道をふさいでいる感じ，レベル5は3つの頭のアヒルギドラが火を吹いています．その時には言葉を発することも動くこともできません．私には，頻繁に起きるアヒルがいるので，統合失調症の再発はないだろうと思っています．また，アヒルは私と外界をシャットアウトするので，心のブレーカーを落として無理矢理心と身体を休ませるので，その間動けないので疲労を回復している可能性もあります．神奈川病院の院長も，それはあ

り得ると言っています．それで，「再発防止戦隊アヒルンジャー」という5羽のアヒルたちが，私の心の中にいると思っています．これはちょっと悪のりですね（笑）．

美珠の誕生

　私は出産当時39歳の高齢出産で薬も飲んでいたので，ハイリスクと言われていました．しかし，分娩室に入って40分で出産しました．子どもの名前は美珠と言います．祖母が珠子，私が千珠子，娘が美珠です．3代に渡って，珠の字が名前に付いています．珠というのは真珠の意味と，竜が一匹一つもっている宝のことです．

　私は，母と長兄の変わり身の早さに苦笑しました．あれだけおろせと言っていたのに，今では，美珠，美珠とうるさいです．

　夫は，1度見たら，忘れられないタイプで，金髪で外見だけを見るとギターケースを持っていれば，しっくりくる人です．母は彼のいる目の前で，「こんな男のどこが良いの，目を覚ましなさい，キー！」をやっています．とにかく母は，常識から逸脱したものに関しては許せないようで，私たち家族の写真をあげれば，彼の所だけハサミで切

り取ってしまいます．夫は，ここまでわかりやすいと笑えると言ってくれます．母は最近やっと夫のことを公一さんと呼ぶようになりました．

早く子どもと暮らしたい

　新米父母の学習会で，母乳育児を薦めていましたが，私は，薬の成分が出てしまうため，母乳を諦めました．お乳が張らない薬を飲み，冷やしたりしていましたが，辛かったです．母乳で母子の絆が繋がると言われ，落ち込みました．

　母子教室の担当者からは，「精神科の閉鎖病棟の隔離されている母親なんて，学習会に来るな」と言われ，私と他のお母さんのどこが違うのと悲しくなりました．

　私たち夫婦に育児はできない，と一方的な医師の判断によって，美珠は生後12日で，乳児院に移されました．その日面会時間の都合で私は美珠と会えませんでした．それから3週間も出産直後の母と子が会えないという異常事態です．病院からの通報で児童相談所が動き，乳児院行きが決まってしまいました．早く子どもと一緒に暮らしたいと願いつつ，2年3か月は親子別々の暮らしでした．許されたのが10日に1度の面会で，娘が熱でも出せば会えなくなるし，隠して連れて行っちゃおうかと思ったこともありました．

美珠は乳児院の希望の星

　2009（平成21）年3月末に乳児院から，予定通り2歳3か月になった美珠が帰ってきました．その間私たちは，乳児院から娘を引き取るために，親としてできることをすべてやったと思います．乳児院が作った親としてのカリキュラムもすべて乗り越えました．普通の人でもたいへんな半年間のカリキュラムが終わり，乳児院卒業の日に，特別に乳児院の院長先生からメールアドレスを教えていただき，何かあったら連絡してと言われました．院長先生が，精神保健福祉士の資格を取得して最初に出会ったのが私たちでした．そういう意味では，気合いが入っていたのかもしれません．協力者がいない当事者夫婦のもとに，2歳3か月の子どもを返すことは大冒険だと言われ，美珠は施設の希望の星だとも言われました．ここまで来るには，とにかくたいへんでした．

子育ての喜び

　育児は普通の人でもたいへんなのに，障害があったらまったく無理だと思われています．私のデイケアの年輩のスタッフが，子育てはたいへんだと強調して私に言ったことがありました．それを見たメンバーの人が，子育て頑張ろうって思っているのに，そんな言い方はないだろうと怒ってくれたことがありました．その時は，すごく嬉しかったです．

夫婦揃って精神障害2級で，生活保護なので，優先的に保育園に娘を入園させることができました．
　ばなな組，ぶどう組，もも組，リンゴ組と4年間の保育を終え今度小学2年生です．最近では1人でお留守番をしたり1人でおつかいに行くくらいに成長しました．

子どもにも病気を隠さない

　第1次反抗期の時は，親は振り回されました．「置いていくよ」と言っても，少し離れたら，絶対戻ってくるとわかられているし，手を汚したくないから，食べさせてとか，手は洗わないけど，お料理づくりを手伝わせてとか，気に入らないと，すぐに座り込んで大泣きしたり，ひっくり返ってダダをこねるのです．でも，私がアヒル状態で固まって動けない時，突然，彼に向って「お母たんは，具合が悪いんだから，お父たん夕食作って」と2歳児が流暢に言うのです．美珠が，母のことを案じて言ってくれたのか，お腹が減って，夕食を早く食べたくて言ったのかはわかりませんが，それを聞いた私が，こうしちゃいられないと頑張って夕食を作ったことがありました．もちろん，彼が作ってくれることもあります．
　美珠はお喋りが上手で，私たちの友人からの電話に出ては受話器を返してくれません．美珠との生活はとても楽しいです．私たち和田家は，家族会の方々から夢と言われています．家族からしてみれば，自分の家の病気の子どもが独立して地域で暮らし，結婚して子どもまでいる．その夢

の姿が和田家だから，頑張ってねとよく言われます．

　和田家の教育方針の第一は，病気を隠さないことです．美珠も「おかしい」と思うことがあるようです．私たちは，美珠にはお父さんとお母さんは病気だと教えています．小学生になった美珠に，夫が怒られるという事件が起きています．彼には，後戻りという症状があって，頭の中に自分の嫌いな文字を思い浮かべてしまったりした時に，その想念が浮かんだ所まで戻って，想念を拾ってくるんです．それに美珠を付き合わせてしまい，「お父さん，あっち行ったり，こっち行ったり，いい加減にしてよ」と言われました．このように一緒に暮らしていればいくらでもおかしいなと思うことはあるんですよ．だから症状が出た時は，実は今のは病気の症状だと話せば，子どもも「ああなんだそうなのか」と理解できてくると思うんです．病気をオープンにして生きていく以上，美珠は，世間の荒波の中で，揉まれていくことになるでしょう．その中で，優しく，強い子になって欲しいと願います．

病気がなければ百点満点の夫

　結婚して8年目になりますが，以前夫の嫌いなところを

ピックアップしていったんですね．そうすると私の嫌いな夫は，病気の症状が出ている時なんですね．病気じゃなかったら満点なのかと思っちゃったんです．それ以降，八つ当たりされても何とか嵐の過ぎ去るのを待って，しとやかにしています．そして，気に入らないことがあったら，その日のうちに「さっきあれ言われたけれど，腹が立った」と夫にストレートに言うことにしたんです．夫は自分が言ったことを一切覚えていない人なので，笑いでごまかして終わるんです．それが私自身とても楽で，長く続いている理由かなと思います．

　私たち当事者夫婦には，まだまだ高いハードルがあります．妻は家族じゃないというザレゴトを吐いた医師がいます．親は子どもの面倒を見るからだけど妻は血縁じゃないし，紙切れ1枚でなっているからって，「何それ？」と思います．旭区にある家族会の「あけぼの会」からは，当事者は入会できないと言われました．恐らく，当事者夫婦というのがまだ少なくて，パイオニアとしての私たちだからぶつかっている壁なんでしょうかね．結婚したり子どもができた当事者夫婦は家の中に引きこもってしまいます．以前東京の兄弟姉妹の会の方々が当事者カップルの話が聞きたいというリクエストを出した時に，私たち夫婦とつながるまでたいへんなまわり道をしたと聞いています．結婚した当事者って家の中に引っ込んじゃうの．一方で，神奈川病院からは私の家族として，彼には家族会のお知らせが届いています．

たった一度の人生だもの……

　私は，年3回ほど，最近は月1回ぐらいに増えていますが，語りべとして，講師をしていて，あの人はもう病気が治っている人，私とは違うわと見られがちです．でも，私は少なくとも週1回はアヒルになっています．薬も1日，22錠飲んでいます．障害の生きづらさと人の幸せは比例しません．私は自分の手で幸せをつかみとっているつもりです．

　精神障害者だって，「恋愛をしたっていいじゃん」「結婚したっていいじゃん」「子どもを作ったっていいじゃん」「子どもを産んだっていいじゃん」「子どもを育てたっていいじゃん」たった一度の人生だもの．

おわりに

　やどかりブックレット・障害者からのメッセージ 22「あきらめない恋愛と結婚」が発刊された．ブックレット編集会議で「恋愛と結婚」というこの企画が議題に上がったのが 2012（平成 24）年 10 月であったと記録されている．今回のブックレットに登場した方に話を聞かせてもらえないかということになったのは 2013（平成 25）年 1 月の会議．実際にインタビューが始まったのが同年（2013 年）3 月である．そこから，そのインタビューを基に編集委員会で意見を出し合い，さらに追加インタビューを加え，文章を推敲していった．インタビューはしたものの，原稿にならなかった方もいらした．単にインタビューをしただけでなく，インタビューを基に議論を重ね，編集委員会の面々から内部的ではあるけれども，なるべく，独善的にならないようにいろいろな角度から追加インタビューを重ねてできた本である．特にいつまでに発行するという決まりはなかったが，できる時間の中で内容には検討を重ねたつもりである．

　本書では，「恋愛と結婚」は人生において大事なことで

はあるが，それは一部分であるということを表現できたのではないかと私は考えている．「恋愛と結婚」の企画が持ち上がった時は個人的には仕事だから仕方がないかという気分であった．「恋愛と結婚」に関しては，当時の私個人としてはあきらめているというか自分にはあまり縁がないようなことなのではないかと考えていた．

　しかし，「恋愛と結婚」というテーマでその方の人生をうかがっているうちに，このテーマが個人的に面白くなってきたのだ．インタビューを重ねるうちに，人それぞれの事情があり，「恋愛と結婚」が人生の一部分であり，それは楽しいことばかりでもないし，たいへんなこともあるとおぼろげながらも理解できたような気がする．

　「恋愛と結婚」は避けることではない．そして，それは相手もあることなのだから，そういう機会があれば，私は「結婚」とまではいかないでも，「恋愛」はいいかなと思うようになった気がする．この本の読者は大半が「恋愛と結婚」に対して興味のある読者だろうが，そういうものを避けている方や，「恋愛と結婚」に対してある種の偏見のような考えを持った方にも興味を持っていただければ，編者としては幸いである．

　最後に本書を出版するにあたり，インタビューに快く応じていただいた皆様に深く感謝いたします．

2014年3月
　　　　やどかりブックレット編集委員　花野　和彦

やどかりブックレット・障害者からのメッセージ・22

あきらめない恋愛と結婚
精神障害者の体験から

2014年5月1日　発行

編　集	やどかりブックレット編集委員会
著　者	渡　修　山田　明　和田　公一　和田千珠子
発行所	やどかり出版　代表　増田　一世
	〒337-0026　さいたま市見沼区染谷1177-4
	TEL 048-680-1891　FAX 048-680-1894
	E-mail　book＠yadokarinosato.org
	http://yadokarinosato.org/book/
印刷所	やどかり印刷

視覚障害などの理由から本書をお読みになれない方を対象に，テキストの電子データを提供いたします．ただし，発行日から3年間に限らせていただきます．

　ご希望の方は，①　本書にあるテキストデータ引換券（コピー不可），②　奥付頁コピー，③　200円切手を同封し，お送り先の郵便番号，ご住所，お名前をご明記の上，下記までお申し込みください．

　なお，第三者への貸与，配信，ネット上での公開などは著作権法で禁止されております．

〒337-0026　さいたま市見沼区染谷1177-4　やどかり出版編集部